Juliane Müller

Corporate Real Estate Management

Flexibilität in der Flächen- und Servicebereitstellung

Müller, Juliane: Flexibilität in der Flächen- und Servicebereitstellung. Hamburg, disserta Verlag, 2015

Buch-ISBN: 978-3-95935-166-9
PDF-eBook-ISBN: 978-3-95935-167-6
Druck/Herstellung: disserta Verlag, Hamburg, 2015

Bibliografische Information der Deutschen Nationalbibliothek:
Die Deutsche Nationalbibliothek verzeichnet diese Publikation in der Deutschen Nationalbibliografie; detaillierte bibliografische Daten sind im Internet über http://dnb.d-nb.de abrufbar.

© disserta Verlag, Imprint der Diplomica Verlag GmbH
Hermannstal 119k, 22119 Hamburg
http://www.disserta-verlag.de, Hamburg 2015
Printed in Germany

INHALTSVERZEICHNIS

ABBILDUNGSVERZEICHNIS

TABELLENVERZEICHNIS

ABKÜRZUNGSVERZEICHNIS

AG   Auftraggeber

AN   Auftragnehmer

B.I.L.D.   Betreuen, Inganghalten (Werterhalt), Liefern, Dokumentieren

DL   Dienstleister

EU   Europäische Union

FEE   Flexibilität, Effizienz und Effektivität

FTE   Full-time equivalent (dt.:Vollbeschäftigteneinheit)

GWB   Gesetz gegen Wettbewerbsbeschränkungen

HC   Human Capital (kapazitiver Aufwand)

IFMA   International Facility Management Association

KAM   Key Account Management

KPI   Key Performance Indicator (dt.: Leistungskennzahl)

NGO   Non-governmental organization (dt.: Nichtregierungsorganisation)

RFI   Request for interest

RFP   Request for proposal

SLA   Service Level Agreement (dt. Dienstgütevereinbarung)

Teko   Telekommunikationsunternehmen

VOB   Vergabe- und Vertragsordnung für Bauleistungen

VOL   Verdingungsordnung für Lieferungen und Leistungen

KURZFASSUNG

Auf Grund der ständigen Veränderungen in der Unternehmens-Umwelt eines Corporates und der stärkeren Nachfrage der Mitarbeiter nach dem Folgen verschiedener Trends, ist eine viel höhere Flexibilität in einem Unternehmen notwendig. Diese wird auch vom Betrieblichen Immobilienwesen (CREM) verlangt.

Die Untersuchung zeigt, dass der Bedarf für Flexibilität vordergründig in der Flächen- und Servicebereitstellung notwendig ist. Mit Hilfe einer umfangreichen Analyse werden hierfür, unter den Aspekten des FEE-Prinzips (Flexibilität, Effizienz und Effektivität), eine Reihe von Handlungspotentialen aufgedeckt.

Die Kombination aller führt zu der Empfehlung einer gesamthaften Büroflächenanmietung mit der Servicebeauftragung eines System- Dienstleisters. Dies bedeutet, dass Hundert Prozent der operativen Aufgaben aus dem CREM an einen externen vergeben werden und dieser gleichzeitig das Management dafür übernimmt. Damit verbunden ist auch die höchstmögliche Übertragung der wirtschaftlichen, technischen und rechtlichen Verantwortung für das Facility Management. Das CREM verantwortet somit lediglich einen geringen Steuerungs- und Kontrollaufwand. Mit dem Dienstleister wird eine langfristige Partnerschaft eingegangen. Damit ist der Grundstein für die passgenaue, standardisierte und flexible Service Lösung sowie hohe Kundenzufriedenheit durch Qualität, Verbesserung und Innovation gelegt. Abgesichert werden diese Handlungspotentiale durch die Durchführung einer ergebnisorientierten Ausschreibung mit Charakter eines Wettbewerblichen Dialogs.

Ein Corporate, welcher in dem Anwendungsbeispiel vorgestellt wird, entwickelt eine erweiterte praktische Umsetzung der Flexibilität im CREM. Er arbeitet zukünftig mit einem System-Dienstleister zusammen, welcher ihm die Bereitstellung von voll bewirtschafteten Arbeitsplätzen in Aussicht stellt. Es werden lediglich die tatsächlich notwendigen Arbeitsplätze angemietet und bezahlt.

4. Juli 2013

MANAGEMENT SUMMARY

Based on constant development in the environment of the Corporate and the increasing demand of staff to follow trends, it is absolutely necessary to have an even higher level of flexibility within a business. This flexibility is increasingly expected in the Corporate Real Estate Management too.

The research conducted for the master thesis shows that it is especially important in the provision of spaces and services. Within a comprehensive analysis, a number of act- potentials are revealed under the aspects of the FEE principle (flexibility, efficiency and effectiveness)

The combination of all lead to the recommendation of holistically office- space- leasing with service- ordering of a System-Supplier. Thus hundred percentages of operational tasks are switched from CREM to the supplier. Contemporary, he takes the management. Linked to that, the highest possible shift of responsibility (technical, legal and economical) is realized. By doing this, CREM solely managed the steering and controlling. Hence the basis is created for a suitable, standardized and flexible service solution as well as for high customer satisfaction throughout quality, improvements and innovation. These act- potentials are ensured by transaction an out- orientated tendering process with the character of competitive dialog.

One Corporate is introduced within the sample application and evolves an extended transformation for the flexibility in CREM. It prospectively works with a System- Supplier who holds out the prospect of fully- managed work places. No more than the effectively necessary work places are leased and get paid.

4th of July 2013

1 EINLEITUNG

1.1 Ausgangssituation und Problemstellung

Es ist allgemein bekannt, dass sehr viele Unternehmen oftmals in Krisenzeiten, aus Sicherheitsbedürfnissen, mögliche Maßnahmen für interne Optimierungen beziehungsweise Einsparungen analysieren lassen. Spätestens dann wird der Blick wieder in Richtung Betriebliches Immobilienwesen[1] (CREM)[2] gewendet. Dies hat 2011 auch der CREM Leiter eines führenden Großkonzerns Deutschlands und Präsident des European Chapters der Global Corenet auf einem FM Kongress der i²fm mit den folgenden Worten propagiert:

> *„In den Krisenzeiten 2008/2009 war CREM in vielen Unternehmen gefordert und eine gefragte Institution. Einspar- und Optimierungspotentiale wurden gesucht und u. a. auch im Immobilienbereich gefunden."[3]*

Bereits in den 90er Jahren entstand bei den deutschen Corporates[4] das Bewusstsein über ihr Betriebliches Immobilienwesen.[5]

Jedoch fehlten zu diesem Zeitpunkt oftmals jegliche professionelle Ausgestaltungen wie: die Kenntnis über den gesamten Unternehmens-Immobilienbestand (Flächen, Immobilienwert/laufende Miete, Betriebskosten etc.), einheitliche Immobilienprozesse, Vollzeit beschäftigtes immobilienwirtschaftliches Fachpersonal, Bündelung aller immobilienspezifischen Aufgaben und Verantwortlichkeiten in einer Abteilung, die Akzeptanz der Corporate Real Estate Management (CREM) und Facility Management (FM) Abteilung im gesamten Unternehmen und vieles mehr.[6]

In dem letzten Jahrzehnt hat sich die Sicht auf die betrieblichen Immobilien deutlich geändert. Die einzelnen Betriebe haben sich immer mehr immobilienspezifisches Fachpersonal ins Haus geholt und die eigenen Abteilungen entstanden, die Akzeptanz des internen Immobilienwesens hat sich deutlich gesteigert und die Effizienz der zentralen Immobiliensteuerung ist größtenteils erkannt.[7]

---

[1] Als Eigenname zu verstehen und deshalb groß geschrieben.
[2] Corporate Real Estate Management ist das Betriebliche Immobilienwesen eines Corporates (siehe Kapitel 3).
[3] Glatte, Dr. Thomas, 2011, Zugriff am 27.2.13
[4] Auch bezeichnet als Non-Property-Companies. Sie generieren mit dem Management von Immobilien keine Wertschöpfung, es sind lediglich unterstützende Leistungen, die dem Betrieb des Kerngeschäfts dienen (siehe Kapitel 2)
[5] Vgl. Gondring, H.; Wagner, T., 2012, S. 29
[6] Vgl. Pfnür, Hartmann, Lohse, 2007, Zugriff am 20.2.13
[7] Vgl. Pfnür, Hartmann, Lohse, 2007, Zugriff am 20.2.13, S. 62

Die Ansprüche des Corporates an das Betriebliche Immobilienwesen sind bereits weiter gewachsen. Der stellvertretende CREM Leiter eines führenden Telekommunikationsunternehmens in Deutschland hat darauf hingewiesen, dass es nicht mehr alleine um die Verwaltung sondern vielmehr, um die permanente optimale Unterstützung des Kerngeschäfts und Managements geht. Dabei stehen die Unternehmen heutzutage aber komplexen Herausforderungen gegenüber, da sie ständigen Einflüssen ausgesetzt sind.[8]

Fachexperten haben die Einflussfaktoren der gesamten Unternehmenswelt zusammengetragen, diese sind in einer Dreiteilung dargestellt (Tabelle 1).

(a) Transaktionales Umfeld wie Kunden, Lieferanten, Mitbewerber und Arbeitsmarkt
(b) Gesellschafts- und soziopolitischer Kontext wie politische Lage, Legislative, Wirtschaftslage und Soziologie sowie Werte und
(c) Megatrends wie Globalisierung, Technologische Entwicklung, Ökonomische Entwicklung, Verfügbarkeit von Wissen, Kommerzialisierung, Individualisierung, Demografische Entwicklung, Gesundheitsbewusstsein, Bewusstsein für Nachhaltigkeit, Neue Arbeitsweisen

Tabelle 1: Einflussfaktoren der gesamten Unternehmenswelt
Quelle: Eigene Darstellung in Anlehnung an Poglitsch, Reinhard, 2013, Folie 2+3

Diese dargestellten Einflussfaktoren führen zu den verschiedensten Veränderungen im Kerngeschäft eines Corporates. So kann es zum Beispiel, wie anfangs erwähnt, durch die schlechte Wirtschaftslage dazu führen, dass die Umsätze in einem bestimmten Land stagnieren und der Corporate einzelne Standorte schließen muss, um Kosten zu sparen, damit er trotzdem den gleichen Gewinn im kommenden Geschäftsjahr verzeichnen kann.[9]

Um in der gesamten Unternehmenswelt auf jegliche Einflüsse eingehen zu können, erfordert es auch im CREM eine hohe Flexibilität neben der bestmöglichen Performance. Zwangsläufig tritt die folgende *Problemstellung* zu Tage:

Das CREM ist heutzutage gezwungen, sich von dem etablierten internen Verwaltungsapparat zu einem internen Dienstleister zu entwickeln, der kurzfristig und schnell auf die Veränderungen im Kerngeschäft eingehen kann und somit Flexibilität beweist.

---

[8] Vgl. Experteninterview stellvertretender CREM Leiter Telekommunikationsunternehmen (Teko), geführt am 21.12.2012
[9] Ausführlich nachzulesen im Kapitel 3.2

1.2 Zielsetzung und konkrete Forschungsfrage

Die Zielsetzung dieser Untersuchung besteht darin, die Handlungspotentiale im CREM aufzudecken, welche die erforderliche Flexibilität schaffen. Somit lässt sich folgende *Forschungsfrage* aufstellen:

> *Mit welchen Handlungspotentialen kann die notwendige Flexibilität im CREM geschaffen werden und wie werden sie erfolgreich umgesetzt?*

Diese sollen im Rahmen der Flächen- und Bereitstellung in einer umfangreichen Analyse herausgearbeitet werden, sodass sich dadurch die *Hypothese* herleiten lässt:

> *Mit einer Auswahl von Handlungsmöglichkeiten innerhalb ausgewählter Entscheidungskategorien im Bereich Flächen- und Servicebereitstellung lassen sich diese, in Harmonisierung mit den Zielen und Anforderungen des Unternehmens, als Potentiale für die Schaffung von Flexibilität heben*

1.3 Relevanz

Den Anstoß für das gewählte Untersuchungsfeld gab die aktuelle Problemlage sowie Projektdurchführung des Anwendungsbeispiels: ein globales Telekommunikationsunternehmen. Im Verlauf dieses Buches wird sich die Allgemeingültigkeit für andere Corporates zeigen.

Ein offensichtliches Bild ergab sich auch bei der ausführlichen Literaturrecherche. Selbst aktuelle Veröffentlichungen[10] sowie noch nicht verlegte und erst kürzlich präsentierte Forschungsergebnisse haben dieses Problem nicht in der ganzheitlichen Form erfasst. Daher kann als solches noch nicht auf Analysen zugegriffen werden. Durch Hartmann wird diese Wahrnehmung mit der folgenden Darstellung über die aktuellen Forschungsfelder untermauert (siehe Abbildung 1).

---

[10] Einen sehr guten Überblick dazu wird durch Hartmann erstellt. Dieser ist im Anhang nachzulesen.

Dominierende Forschungsfelder im Corporate Real Estate Management

CRE Finance	CRE Performance Measurement	CRE Strategy	Organizing CRE
• Finanzierungsstruktur von Unternehmensimmobilien • Desinvestment und Outsourcing von Immobilienbeständen • Effekt von Desinvestments und Immobilienoutsourcing auf den SHV/ Börsenkurs • Auswirkungen der Immobilieneigentumsquote auf den SHV/ Börsenkurs	• Performance Measurement • Wertorientierte Steuerungssysteme (BSC) • Kennzahlensysteme • Shareholder Value management	• Flächenplanung • Portfolioflexibilität • Synchronisierung von Immobilien- und Unternehmensstrategie • Workplace design	• Sourcing trends • CREM Organisation • CRE Prozessmanagement

Abbildung 1: Dominierende Forschungsfelder im CREM
Quelle: Eigene Darstellung in Anlehnung an Hartmann, Steffen, 2011, S. 62

Die Markierung verdeutlicht, dass die aktuelle Problemstellung nur mit einzelnen Teilstücken der aktuellen Forschungsfelder abgeglichen werden kann und nur vereinzelt Lösungsansätze Einzug in diese Untersuchung nehmen. Die Absicht dieser Untersuchung besteht daher auch darin einen gesamthaften Ansatz[11] für die Lösung des Problems herauszuarbeiten. Der *Nutzen* ergibt sich daher wie folgt:

> *Es wird eine Auswahl von, auf einander bauenden, Handlungspotentialen für das CREM herausgearbeitet, die dem Corporate ermöglichen, auch in seinem Unterstützungsprozess- dem Betrieblichen Immobilienwesen- schneller, kurzfristiger und damit flexibler zu agieren.*

1.4 Methodik

Die *Methodik* setzt sich aus zwei aufeinander folgenden Teilen zusammen, um die Handlungspotentiale zur Schaffung der Flexibilität im CREM aufzudecken.

Zuerst wird innerhalb des ausgewählten Rahmens eine systematische und kritische Analyse der deutschen Literatur durchgeführt. Diese Analyse wird im Hintergrund umfangreich in einer komplexen Excel Tabelle vorgenommen. Hierbei sind alle Argumente als Vor- und

---

[11] Im Anhang sind zwei weitere gesamthafte Ansätze der aktuellen Forschung dargestellt. Diese gehen allerdings der komplexen Fragestellung einer ganzheitlichen CREM Optimierung nach.

Nachteile zusammen getragen und gleichzeitig ist eine Bewertung abgegeben. Diese umfangreichen Ergebnisse werden in Kombination mit einer Auswertungsgrafik in der Untersuchung zusammengefasst.

Zusätzlich sind die entstandenen Ergebnisse gezielt mit Fachexperten diskutiert und erneut, durch den Einfluss der praktischen Erfahrung, validiert.

Abschließend werden alle ausgearbeiteten Handlungspotentiale mit der Umsetzung eines ausgewählten Anwendungsbeispiels verglichen. Hierzu werden Abweichungen auch wieder analysiert sowie bewertet.

Die ausführliche Erläuterung der methodischen Vorgehensweise bei der Analyse erfolgt im späteren Verlauf des Buches mit einem separaten Kapitel (siehe *4 Identifizierung Untersuchungsrahmen*)

Die Beschränkung auf die rein deutsche Literatur ist mit der unterschiedlichen Marktentwicklung begründet. Andere Märkte wie zum Beispiel die USA oder UK sind dem deutschen Markt weit voraus. Diese Erkenntnis hatten 2004 auch schon Schulte und Schäfers, in dem sie schrieben, dass in Deutschland die Betrachtung der Immobilie als strategische Ressource erst nach mehr als 5 Jahren hinter GB und USA stattgefunden hat.[12] In 1997 bezeichnete Wheaterhead die USA als ‚Frontrunners' und meinte, dass zwischen der amerikanischen und deutschen Entwicklung 10 Jahre liegen.[13] Insbesondere wurde der FM Markt in den USA 10 Jahre früher als in D erkannt. Dabei geht es weniger um die Gebäudetechnik, als vielmehr um die Verbindung von Kundenzufriedenheit und Wirtschaftlichkeit.[14]

Für den gesamten Verlauf ist ein bestimmter *Rahmen zur Eingrenzung des Umfangs* dieser Untersuchung angenommen:

- Die Analyse erfolgt rein aus der Sicht des Corporates
- Der Fokus liegt nur auf dem Betrieblichen Immobilienwesen in Deutschland
- Die Analyse erfolgt nur mit Hilfe der aktuellsten deutschen Literatur[15]

---

[12] Vgl. Schulte, K.-W.; Schäfers, W., 2004, S. 63
[13] Vgl. Weatherhead, 1997, S. 185ff
[14] Vgl. Gondring, H.; Wagner, T., 2012, S. 10
[15] Das Buch enthält einzelne speziell ausgewählte internationale Literatur.

1.5 Aufbau der Untersuchung

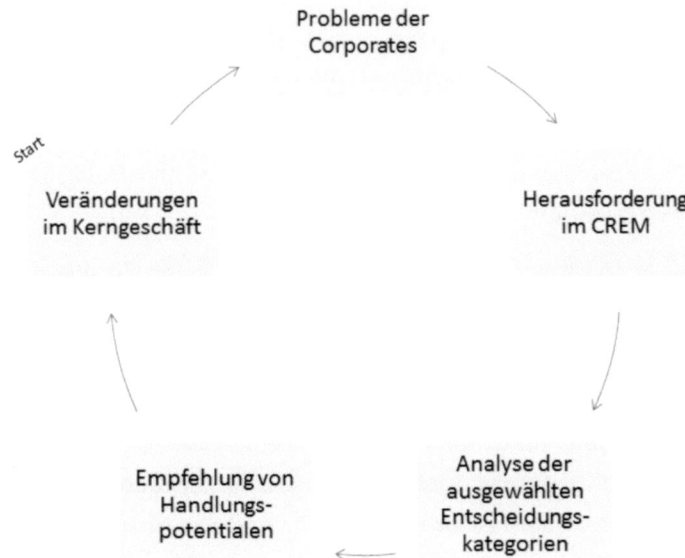

Abbildung 2: übersichtlicher Aufbau der Untersuchung
Quelle: Eigene Darstellung

Die folgenden Seiten teilen sich auf drei einleitende Kapitel, drei Hauptkapitel sowie ein Abschlusskapitel auf.

Nach der Einleitung wird detailliert auf die *Corporates* und ihre *Problemstellung* eingegangen. Anschließend erfolgt die Darstellung der *Begrifflichkeiten* rund um das *CREM* sowie die Untersuchung der *Herausforderungen im CREM*.

Im Hauptteil geht es um die *Analyse der ausgewählten Entscheidungskategorien*. Dabei gibt es ein Kapitel, in dem der *Untersuchungsrahmen* genauestens erläutert wird. Das darauf folgende Kapitel stellt einen Großteil des Buches dar und ist die *Analyse* selbst. In dem dritten Hauptkapitel wird zusätzlich ein *Anwendungsbeispiel* vorgestellt und analysiert.

Für das Abschlusskapitel wurden ein Fazit sowie ein Ausblick als *Empfehlung* zusammengetragen.

2 CORPORATES

Der Begriff Corporate steht im Zusammenhang mit Corporate Real Estate Management und wird in der Immobilienwirtschaft verwendet. Er lässt darauf schließen, dass ein Unternehmen ein Immobilienwesen besitzt, welches nicht zu seinem Kerngeschäft zählt, sondern nur als Unterstützungsprozess zu verstehen ist. Das Betriebliche Immobilienwesen existiert mit dem Hintergrund, dass der Corporate viele Flächen für den eigenen Betrieb benötigt und diese daher anmietet oder direkt im Eigentum hat.[16]

2.1 Generelle Probleme der Corporates

Vor rund zehn Jahren ging es der Chemiebranche sehr schlecht. Es wurden drastische Kostensenkungsprogramme durchgeführt, unter anderem wurden über 1.800 Mitarbeiter weltweit entlassen.[17] Dabei wurde auch das gesamte Betriebliche Immobilienwesen optimiert und auch verschlankt.[18] Dies ist ein weiterer Beleg dafür, dass bei den Corporates branchenunabhängig zu Optimierungen im CREM kommt.

Welche Gründe verbergen sich hinter einer solchen Maßnahme? Die Beweggründe lassen sich mit einem allgemein bekannten, übergreifenden Prinzip darstellen. Die Betriebswirtschaftslehre besagt, dass jedes Unternehmen die folgenden vier übergeordneten Ziele verfolgt, um als Betrieb zu gelten.[19]

- Wirtschaftlichkeit
- Gewinn
- Rentabilität
- Wertschöpfung

Wenn zusätzlich der typische Top-Level Aufbau eines Unternehmens betrachtet wird (siehe Abbildung 3), wird deutlich, dass diese Ziele in allen Bereichen und Ebenen verfolgt werden müssen.

---

[16] Viele Unternehmen haben meist auch Immobilien, welche sie nicht oder nicht mehr nutzen. Dies zählt nicht mehr zu den Betriebsimmobilien sondern eher zu dem Immobilieninvestment und die Verwaltung dieser lässt den Corporate einen weiteren Kernprozess dadurch kreieren.
[17] Vgl. dpa - AFX, 2001, Zugriff am 27.6.13
[18] Vgl. Experteninterview XY, am 10.5.13
[19] Vgl. Hartmann, Steffen, 2011, S. 48

Abbildung 3: Top Level Organisationsaufbau
Quelle: Eigene Darstellung

Erschwerend hinzu kommt die Tatsache, dass sich ein jedes Unternehmen in einer gesetzten Umwelt einfindet und täglich durch diese beeinflusst wird. Die Uni St. Gallen hat hierzu einen Überblick erstellt (siehe Abbildung 4):

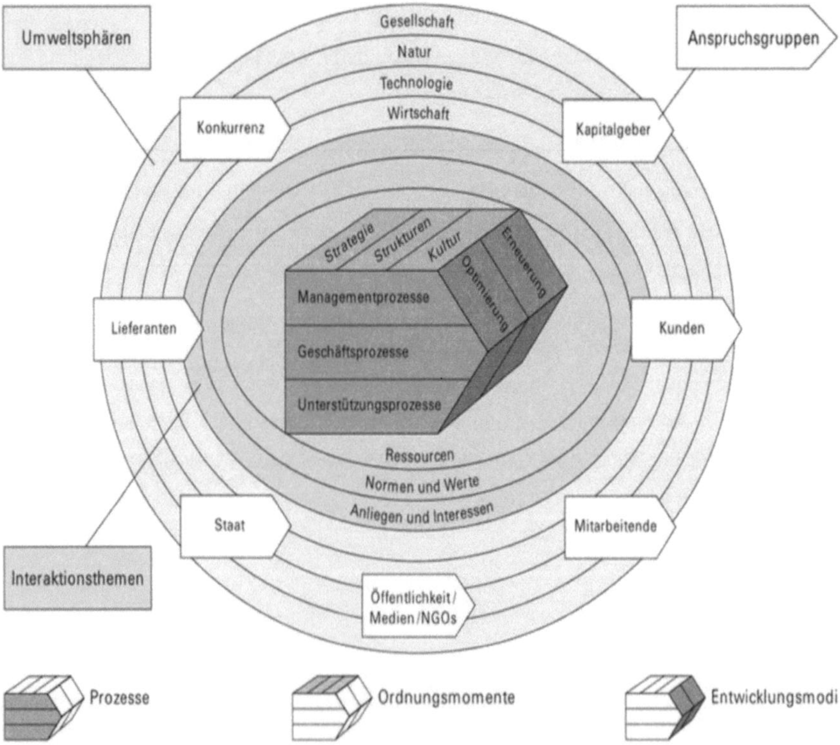

Abbildung 4: Ordnungsrahmen eines Unternehmens
Quelle: Eigene Darstellung in Anlehnung an Rüegg-Stürm in: Dubs, u. a. (Hrsg.) , 2004, S. 65

Die Grafik stellt das Modell der Systemischen Managementlehre dar. Es bildet einen Ordnungsrahmen, in dem logische Verbindungen und gewisse Wirkungszusammenhänge aufgezeigt sind. Es lässt sich im Inneren des Kerns direkt die Wertschöpfung eines Unternehmens erkennen. Die wertschöpfenden Prozesse werden von den Strategien, Strukturen und der Kultur getragen. Außerdem werden sie laufend optimiert beziehungsweise teilweise komplett erneuert. Dabei bildet sich offensichtlich heraus, dass dies nicht nur auf die Management- und Geschäftsprozesse zutrifft, sondern auch auf die Unterstützungsprozesse.

Die Prägung der Veränderung zieht durch verschiedene Kreise und über verschiedene Ebenen. Die inneren und nahe liegenden Einflüsse sind die Ressourcen, Normen und Werte sowie Anliegen und Interessen. Die äußeren Einflüsse sind die Gesellschaft, Natur, Technologie sowie Wirtschaft und ergänzend dazu das Politik- und Rechtswesen.

Alle zusammen bilden ein komplexes System und bergen starkes Veränderungspotential, welches auf ein jedes Unternehmen einwirkt. Nicht auf alle Einflüsse ist zwangsläufig einzugehen. Erst durch eine weitere Komponente wird der Ruf nach Veränderung verstärkt. Dabei handelt es sich um die Anspruchsgruppen. Diese sind, ohne Wertung der Reihenfolge, wie folgt: Kunden, Kapitalgeber, Mitarbeitende, Lieferanten, Konkurrenz, Öffentlichkeit/Medien, NGOs sowie der Staat.

Schlussfolgernd ergibt sich in einer Übersicht (Abbildung 5) folgende Herausforderung für die Corporates:

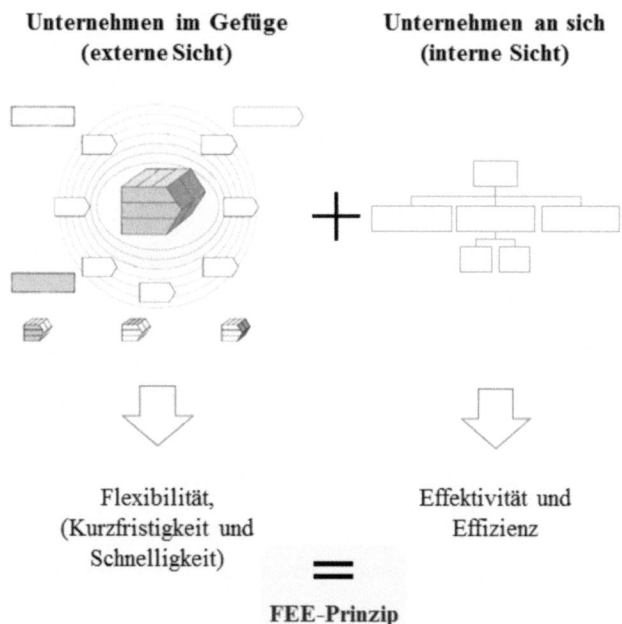

Unternehmen im Gefüge
(externe Sicht)

Unternehmen an sich
(interne Sicht)

Flexibilität,
(Kurzfristigkeit und
Schnelligkeit)

Effektivität und
Effizienz

=

FEE-Prinzip

Abbildung 5: Allgemeine Herausforderungen Unternehmen- FEE-Prinzip
Quelle: Eigene Darstellung

Es wird ersichtlich, dass die Unternehmen nicht nur isoliert ihren übergeordneten Zielen nachgehen können, sondern dabei vielmehr auf die Veränderungen der gesamten Umwelt achten müssen und diese sind schnelllebiger denn je. Das beweisen zum Beispiel die allseits bekannten, kurz aufeinander folgenden, Krisen des Finanzsektors und der Wirtschaft.

Dabei sind immobilienbezogene Kosten der zweitgrößte Kostenblock nach den Personalkosten[20] beziehungsweise 16-17% aller Total Costs[21]. Daher ist der Einfluss so groß, wenn 5% der Immobilienkosten eingespart werden können. Denn dies bedeutet somit eine Steigerung der Gesamtrentabilität des Konzerns um 9%.[22]

---

[20] Vgl. Ghahremani; Sommer, et al, 1998, S. 1
[21] Vgl. Weatherhead, 1997, S. 15
[22] Vgl. Weatherhead, 1997, S. 23

2.2 Ziele des Corporates im CREM

Wenn es zu dem vorher vorgestellten Kostenbewusstsein kommt, kann klar davon ausgegangen werden, dass die Veränderung im Kerngeschäft immer auch Einfluss auf die laufende Bewirtschaftung beziehungsweise Flächenbereitstellung nimmt. Dies hat bereits Steffen Hartmann in seinen Schriften erkannt. Und daher folgende Unternehmensziele spezifisch für den internen Immobilienbereich aufgestellt:

Leistungsziele	• Verfügbarkeit optimaler Flächen und Infrastruktur zur Sicherung des Kerngeschäfts (qualitativ und quantitativ) • Sicherung der dauerhaften Funktionserfüllung der Immobilien • Sicherung von Standorten für das Kerngeschäft • Flexibilität bzgl. Markt-/Nutzeranforderungen • Effektive/Effiziente Bewirtschaftung
Finanzziele	• Nutzung von Flächen zu geringstmöglichen Kosten • Finanzieller Handlungsspielraum
Führungs-& Organisationsziele	• Gebäudelayout • Effektives Workplace Design
Soziale und ökologische Ziele	• Sicherung attraktiver Arbeitsbedingungen • Steigerung der Mitarbeiterzufriedenheit und Arbeitsproduktivität • Prestige und Image

Tabelle 2: Immobilienspezifische Unternehmensziele
Quelle: Eigene Darstellung in Anlehnung an Hartmann, Steffen, 2011, S. 48

Meistens zeigt sich der dringende Bedarf nach Veränderung erst in den Geschäftsprozessen, also dem Kerngeschäft. Dieser wird von der Unternehmensführung gezielt an die Unterstützungsprozesse weiter geleitet. So kann sich zum Beispiel die Situation ergeben, in einem neuen Markt auf starke Nachfrage der Wertschöpfung zu treffen. Es sind somit neue Geschäftsräume an neuen Standorten notwendig, um auf diese Veränderung einzugehen. Der Bedarf wird dann an das CREM weiter geleitet. Eine Vielzahl von anderen möglichen Szenarien wird im späteren Verlauf dieses Buches erläutert (siehe dazu Kapitel 4).

Bevor weiter auf das Betriebliche Immobilienwesen eingegangen wird ist es vorab von Wichtigkeit zu analysieren, ob Probleme bei allen Corporates zu spüren sind und ob auf sie eingegangen werden muss.

2.3 Untersuchung der Corporates

In diesem Unterkapitel gilt es die Frage zu beantworten, ob alle Corporates den Herausforderungen der externen und internen Sicht ausgesetzt sind. Dazu ist es hilfreich einen Gesamtüberblick zu verschaffen. Betrachtet man die folgende Auflistung stellt sich heraus, dass es eine große *Branchenvielfalt* gibt:

- Automobil
- Chemie/ Pharma
- Bahn, Post, Verkehr
- Flughäfen, Fluggesellschaften
- Healthcare (Krankenhäuser & Co.)
- Stadtwerke, Utility
- Telekom und Media

- Handel
- Banken und Versicherungen
- Logistik und Transport
- Elektrotechnik und Maschinenbau
- Baugewerbe/ Rohstoffgewinnung
- Dienstleistungsgewerbe
- Sonstiges produzierendes/ verarbeitendes Gewerbe

Die *Branchen* geben zwar einen groben Aufschluss darüber, welche Wertschöpfungsprozesse in dem jeweiligen Unternehmen vorherrschend sind. Es lässt sich dennoch nicht erkennen, ob sich in diesem Kontext auch verschiedene Ziele für das interne Immobilienwesen ergeben.

Es ist hierbei jedoch festzuhalten, dass der unterschiedliche *Flächenbedarf* daran anknüpft. So sind bei den Automobilkonzernen sehr viele Entwicklungsräume, Produktionsflächen und Werkstätten für den Musterbau im Betrieblichen Immobilienportfolio notwendig. Genauso gut verfügt der Konzern über Büro- und Verkaufsflächen, wie in fast jeder Branche. Die Chemie und Pharma Branche ergänzt ihr allgemeines Portfolio mit spezifischen Flächen wie Forschungslaboren und Fertigungs- sowie Lagerflächen. Egal, um welche Branche es sich handelt, es werden neben den Sonderflächen immer zwei Flächenarten nachgefragt:

- Büro- inkl. Verkehrsflächen
- Verkauf inkl. Verkehrsflächen

Weiterführend lässt sich über die *Unternehmensgröße* sprechen. Dazu gibt es eine kategorisierte Übersicht der EU. Diese hat die drei Kriterien: Mitarbeiteranzahl, Jahresumsatz und Jahresbilanzsumme als Unterscheidungsmerkmale beziehungsweise Abgrenzung der Unternehmensgrößen verwendet. Die Übersicht lässt sich dem Anhang entnehmen. Es kann festgehalten werden, dass ein eigenständiges Betriebliches Immobilienwesen erst bei einem mittleren Unternehmen bzw. Großunternehmen und Konzern anzutreffen ist.

Jedoch sind der Umfang der Immobilien und der damit verbundene Unterhaltungsaufwand nur schwer einzuschätzen. Wobei sich durch eine Studie der BulwienGesa in 2010 folgende Zahlen ergeben haben. Rund 1.100 Mrd. € ist der deutsche Marktwert für Gewerbe- und Industrieimmobilien. Mit rund 850 Mrd. € sind ein Großteil* davon betriebliche Immobilien. Damit ergibt sich eine summierte Fläche von rund 2.200 Mio. Quadratmeter.[23]

Generell besteht für die Corporates keine Offenlegungspflicht über ihre Immobilienbestände beziehungsweise ihre immobilienbezogenen Daten. Daher besteht eine starke Intransparenz. Nur in Einzelfällen sind Details bekannt. Davon wurden unter anderem einige durch die Autoren Schulte und Schäfers zusammen getragen und in ihrem Band vorgestellt. Die folgende Tabelle 3 gibt einen Überblick:

Konzern	Immobilienportfolio	Mitarbeiter im CREM
ABB in D 4,8 Mrd.€ Umsatz, 28.000 Mitarbeiter	Ca. 2 Mio. m² Fläche, 70% Industrie- bzw. Produktionsfläche, 30% Bürofläche, alles Eigentum, betriebs- und nicht betriebsnotwendig	22 Mitarbeiter in separater CREM Gesellschaft
Thyssen in D Weltweit: 21 Mrd. € Umsatz, 125.000 Mitarbeiter	Ca. 81Mio. m² bebaute & unbebaute Fläche, 60% Industrie- und Gewerbeflächen, 30% sonstige Flächen, 20% Wohnflächen, alles Eigentum	Separate CREM Gesellschaft
Mannesmann Weltweit 16 Mrd. € Umsatz, 123.000 Mitarbeiter	Ca. 36 Mio. m² Fläche, alles im Eigentum	40 Mitarbeiter in der CREM Abteilung
IBM 6,1 Mrd. € Umsatz, 20.000 Mitarbeiter	Ca. 1 Mio. m² Fläche, 80% Büroflächen, 10% Lager- und Technologieflächen, über die Hälfte ist geleast oder gemietet, nur ca. 35-40% im Eigentum	50 Mitarbeiter, für das Facility Management wurden von 1.000 kleinen DL auf den großen DL- Zander Gebäude Mgt. reduziert
Douglas 2,25 Mrd. € Umsatz, 17.000 Mitarbeiter	Ca. 350.000 m² Fläche, 70% reine Verkaufsfläche 30% Lager-, Neben- und Sozialflächen, kein Eigentum, ca. 1.600 Mietverträge	Separate CREM Gesellschaft

Tabelle 3: Immobilienbezogene Informationen fünf verschiedener Konzerne
Quelle: Eigene Darstellung in Anlehnung an Schulte, K.-W.; Schäfers, W., 1998, Fallstudien CREM S. 521-727

---

* Oder die Immobilien gehörten mittelständischen Eigentümern beziehungsweise sind zu klein, um handelbar zu sein.
[23] Vgl. Glatte, Dr. Thomas, 2012, Zugriff am 26.3.13;

Es zeigt sich, dass die Corporates ganz verschiedene *Größenverhältnisse* ihrer Immobilien-portfolien sowie CREM Mitarbeiter vorweisen. Auffallend ist das unterschiedliche Verhältnis von den Kapazitäten zu den Flächen bei ABB und Mannesmann.

Es lassen sich *verschiedene Kategorien und Analysekriterien* für die Corporates aufstellen, welche trotzdem zu keinerlei allgemein gültiger Aussage über ihr Betriebliches Immobilienwesen führen können. Die Bereitstellung der Flächen sowie der Services ist daher immer sehr Corporate-spezifisch und wird durch viele Faktoren beeinflusst. Das Management ist dabei der größte Faktor, da hier alle Entscheidungen getroffen werden. Weiteres lässt das Kerngeschäft in Verbin-dung mit der Historie, Kultur sowie Länderzugehörigkeit das jeweilige Immobilienportfolio und CREM individuell wachsen. Der ausführliche Beweis über die Aussage kann eine zusätzliche Forschungsfrage darstellen, welche in diesem Rahmen jedoch nicht weiter ausgearbeitet wird.

Abschließend kann somit festgehalten werden, dass sich keine Regel finden lässt, die zum einen besagt, wann ein Corporate, auf Grund der täglichen Einflüsse in seiner Umwelt, ständige Veränderungen im Kerngeschäft umsetzt. Und zum anderen lässt sich nicht sagen, wann eine hohe Flexibilität im CREM für die Bereitstellung von Flächen und Services geschaffen werden und dabei gleichzeitig dem gesamten FEE-Prinzip folgen muss.

2.4 Eingrenzungen und Annahmen für die Analyse

Auf Grund der Ergebnisse aus der Untersuchung der Corporates wird für die folgende Untersuchung ein gewisser Rahmen durch bestimmte Eingrenzung und Annahmen geschaffen und somit eine Art Untersuchungs-Corporate zusammengestellt:

- Mittlere- und Groß- Unternehmen sowie Konzerne
- Branchen unabhängig
- Notwendigkeit der Flexibilität im CREM
- Unternehmensweites Verfolgen des FEE Prinzip

- Deutsche Ländereinheit
- Nutzung von betriebsnotwendigen Immobilien
- Die Konzentration der Untersuchung liegt nur auf Büroflächen

3 BETRIEBLICHES IMMOBILIENWESEN (CREM)

Was ist das Betriebliche Immobilienwesen und was macht es aus? Unter den Fachexperten der Immobilienbranche besteht eine gewisse Kenntnis darüber, aber außerhalb der Immobilienwirtschaft gibt es nur ein vages Verständnis.

> *„Unter betrieblichen Immobilienmanagement [CREM] sollen alle liegenschaftsbezogenen Aktivitäten eines Unternehmens verstanden werden, dessen Kerngeschäft nicht in der Immobilie liegen. CREM befasst sich mit dem wirtschaftlichen Beschaffen, Betreuen und Verwerten der Liegenschaften von Produktions-, Handels- und Dienstleistungsunternehmen im Rahmen der Unternehmensstrategie. Die Liegenschaften dienen zur Durchführung und Unterstützung der Kernaktivitäten."[24]*

3.1 Begrifflichkeiten rund um das CREM

Da es in der Immobilienwirtschaft noch keine standardisierte Begriffsklärung und keinen Begriffsschutz für die Bezeichnungen CREM, FM und Gebäudemanagement gibt, wird zum Einstieg die Erläuterung für das einheitliche Verständnis innerhalb dieser Untersuchung vorgenommen.

In der Praxis wird zum Teil von CREM gesprochen obwohl es sich nur um ein reines FM handelt. Eine weitere Verwechslung ist oft mit dem Begriffspaar FM und Gebäudemanagement anzutreffen.

Die folgende Grafik (Abbildung 6) soll Klarheit schaffen. Der Autor Dr. Barry Varcoe, Global Head CREM&FM von Zurich Financial Services, stellt dazu eine hierarchische Gliederung auf.[25] Die grafische Darstellung erfolgt allerdings durch Hartmann. Es zeigt, aus Sicht des Corporates, die untergliederte Einordnung des Facility Managements in das CREM. Außerdem wird hier die allseits bekannte Diskussion abgeschwächt, dass sich der Betrieb zwar bei dem Facility Management wieder findet, es aber durch die operative Ebene als Gebäudemanagement bezeichnet wird (oder als operative Services).

---

[24] Pfnür, 2011, S. 368; Für die Einholung allgemeiner Kenntnisse über das Betriebliche Immobilienwesen kann ein weiteres Werk von Pfnür hinzugezogen werden: Betriebliche Immobilienökonomie, 2002
[25] Vgl. Varcoe, 2002, S. 117

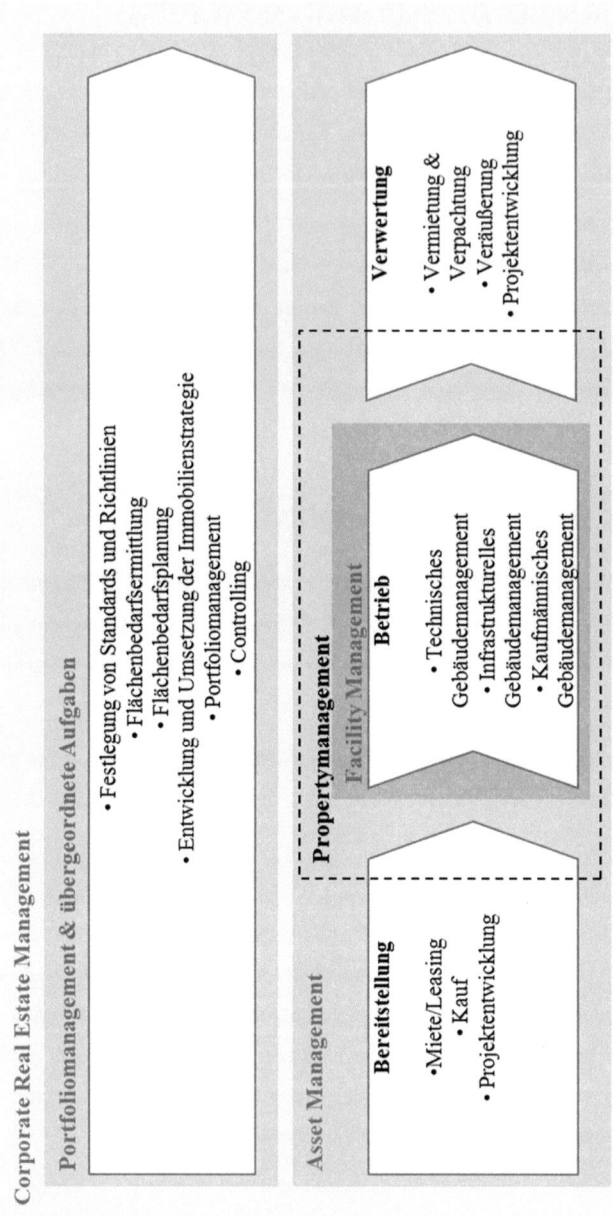

Abbildung 6: Systematisierung von CREM-Funktionen
Quelle: Eigene Darstellung in Anlehnung an Hartmann, Steffen, 2011, S. 53

Dazu kann zusätzlich auf die folgende wissenschaftliche Definition zugegriffen werden. Wobei für das FM eine weitere Verbreitung und Akzeptanz als für das CREM geschaffen wurde:

FM Definition nach der DIN EN 15221-1
„Integration von Prozessen innerhalb einer Organisation zur Erbringung und Entwicklung der vereinbarten Leistungen, welche zur Unterstützung und Verbesserung der Effektivität der Hauptaktivitäten der Organisation dienen.“[26]

CREM Definition nach Preuß und Schöne
„(...) [CREM will] ausgehend von den strategischen Zielsetzungen der Unternehmung durch eine ergebnisorientierte, strategische wie operative Planung, Steuerung und Kontrolle einen Beitrag zur nachhaltigen Wettbewerbsfähigkeit der Unternehmung leisten.“[27]

Weiterführend hat Pfnür eine Unterscheidung, anhand verschiedener Kriterien, zwischen *CREM und FM* in seinem Buch dargestellt. Davon wird die Konzentration in dieser Untersuchung nur auf zwei Gegenüberstellungen beschränkt (siehe Tabelle 4). Weitere Auffassungen dieser Begriffsklärung können dem Anhang entnommen werden.

Vergleichskriterium	CREM	FM
Oberziel	Effektives Ressourcenmanagement des Unternehmens ausgerichtet an dessen individuellen Zielen.	Optimierung der Ressourcen ausgerichtet an der Immobilie sowie deren anonymen Nutzern.
Maßgeblicher Objektbereich	Betrieblich bedingtes Immobilienvermögen von Non-Property-Companies.	Alle Gewerbeimmobilien, teilweise auch Wohnraum.

Tabelle 4: Vergleich CREM und FM
Quelle: Eigene Darstellung in Anlehnung an Pfnür, 2011, S.368

Auch für das Begriffspaar *FM und Gebäudemanagement* gibt es bereits Ausarbeitungen, um diese auseinander halten zu können. Dazu haben Preuß und Schöne eine Unterscheidung anhand der zu erbringenden Leistungen vorgenommen, welche in der folgenden Gegenüber-

---

[26] Neben der DIN gibt es noch Definitionen von der GEFMA, der IFMA, sowie der VDMA.
[27] Preuß, N.; Schöne, B., 2006, S.6

stellung dargestellt wird (siehe Tabelle 5). Es zeigt sich, dass das FM über ein weitaus umfangreicheres Leistungsspektrum als das Gebäudemanagement verfügen muss.

Vergleichskriterium	FM	Gebäudemanagement
Leistungen	Sämtliche Leistungen, die auf die optimale Nutzung der Immobilie ausgerichtet sind: U.a. in hohem Maße auch strategische Management-entscheidungen über das Flächen-, Raum-, Funktions- und Ausstattungsprogramm sowie die Formulierung des Nutzerbedarfs.	Dagegen nur für die Bewirtschaftung von Gebäuden und Liegen-schaften erforderliche Leistungen, wie: operative Planung, Arbeitsvorberei-tung und Organisation sämtlicher Maßnahmen.

Tabelle 5: Vergleich FM und Gebäudemanagement
Quelle: Eigene Darstellung in Anlehnung an Preuß, N.; Schöne, L.B., 2003, S.24

Um in dieser Untersuchung auch auf die teilweise dritte vorhandene Verwechslung einzugehen, erfolgt nachfolgend die Begriffsklärung für das Objektmanagement in der Tabelle 6.

Vergleichskriterium	Objektmanagement
Leistungen	Die Beaufsichtigung, Koordination und Kontrolle der ausfüh-renden externen Firmen bzw. Dienstleister, verbunden mit wirtschaftlicher Verantwortung vor Ort oder im Objekt selbst

Tabelle 6: Begriffsklärung Objektmanagement
Quelle: Eigene Darstellung in Anlehnung an Preuß, N.; Schöne, L.B., 2003, S.24

Es lässt sich abschließend festhalten, dass alle vier Begriffe ihre klare Daseinsberechtigung haben und nicht untereinander zu verwechseln sind, da es sonst zu Missverständnissen innerhalb dieser Untersuchung führt.

Es ist darauf hinzuweisen, dass es sich nicht mehr um CREM handelt sobald die Immobilien nicht mehr eigen genutzt, und demnach betriebsfremd, sind und es bei der Verwaltung vordergründig nur um die Geldanalage, also dem Asset Management, geht.

Wie in Abbildung 6 zeigt sich, dass aus der Sicht eines Corporates das FM ein Teil des CREM ist und sich dementsprechend nach den entwickelten Strategien aus dem Top Level

Bereich des CREM richtet. Daher wird auch in diesem Kapitel separat auf CREM und FM eingegangen.

Nachdem in diesem Kapitel die einzelnen Begrifflichkeiten geklärt werden konnten, beginnt mit dem folgenden Kapitel die Analyse und Beantwortung der Forschungsfrage.

3.2 Herausforderungen im CREM

Im Kapitel *2 Corporates* konnte aufgedeckt werden, dass sich durch die Einwirkungen der Umwelt eine Vielzahl von Veränderungen für ein Unternehmen ergeben. Der Corporate ist dadurch gezwungen mehr Flexibilität zu schaffen, wobei er gleichzeitig das FEE-Prinzip verfolgen muss.

Nachfolgend wird daher aufgezeigt, wie sich die Veränderungen im Kerngeschäft als Herausforderungen für das CREM herausbilden. Dazu wurde eine Anforderungspyramide für das CREM (Abbildung 7) aufgestellt, welche es anschließend zu analysieren gilt.

Abbildung 7: CREM-Anforderungspyramide
Quelle: eigene Darstellung

Die gewählte Symbolik der Pyramide soll darauf schließen lassen, dass die Anforderungen im CREM gestiegen sind. Auf der untersten Stufe stehen alle generellen Aufgaben und Anforderungen an das CREM und an das FM.

Auf der zweiten Stufe geht es darum, eine ständige Änderungsbereitschaft sowie -möglichkeit zu schaffen.

Die Spitze stellt den Bedarf an Trends und Innovationen dar. Diese sind als eher langfristiger Einfluss auf das Kerngeschäft zu verstehen. Dennoch sind sie aus einem erfolgsstrebenden Unternehmen nicht mehr wegzudenken, da die Entwicklung der deutschen Kultur und Demographie dazu geführt hat.

Alles zusammen erfordert deshalb eine durchgehende Flexibilität[28] im CREM und FM, welches die Abbildung 8 grafisch darstellen soll. Auch hierfür ist auf eine weitere Erläuterung anschließend einzugehen.

Abbildung 8: Flexibilität in der CREM Anforderungspyramide
Quelle: eigene Darstellung

Wie bereits vorab kurz erwähnt, besteht der Grundbedarf, unter Punkt 1, aus den generellen *Aufgaben und Anforderungen* des CREM und FM. Dazu werden diese im Folgenden in einer Übersicht dargestellt. Bereits diese komplexen Aufgabenfelder benötigen einige Kapazitäten sowie Know-how seitens des Corporates. Die Beratungsgesellschaft Ernst&Young hat in 2008, gemeinsam mit der TU Darmstadt, eine ausführliche Studie der Erwartungen und Ziele an das CREM, durch eine weitreichende Umfrage unter den Corporates, zusammen getragen. Diese werden daher als allumfassende Aufgaben und Anforderungen in der Abbildung 9 dargestellt.

---

[28] *„Flexibilität kann als die Eigenschaft eines Systems betrachtet werden, die dessen Fähigkeit zur Bewältigung der Unsicherheit und der Dynamik des Umfelds angibt. Es werden Aktionsräume für spätere Entscheidungen geschaffen. Innerhalb dieser Aktionsräume kann das System flexibel auf die Realisation von Zufallsvariablen reagieren. Die Flexibilität selbst äußert sich in der Fähigkeit, an zwar sicher bekannte, aber wechselnde Anforderungen anpassbar zu sein."* (Dürrschmidt, S., 2001, S. 14)

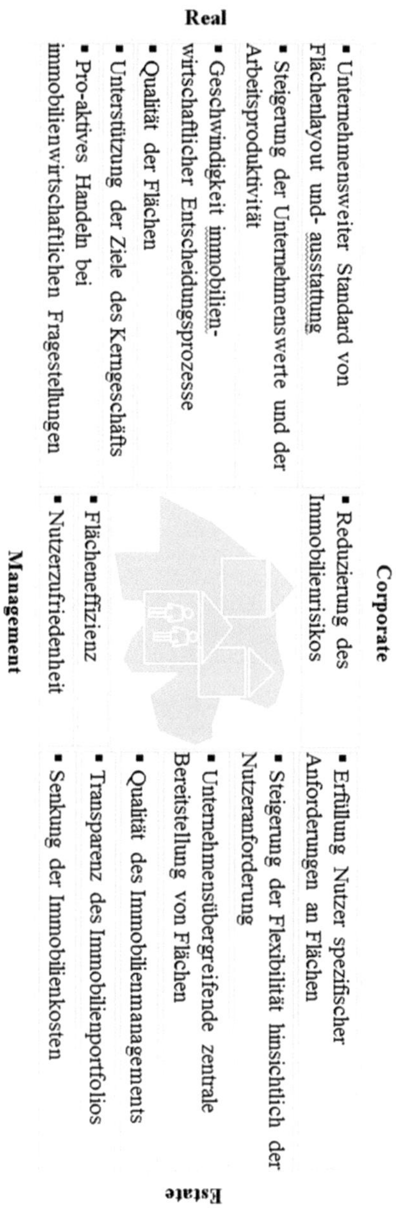

Real

- Unternehmensweiter Standard von Flächenlayout und- ausstattung
- Steigerung der Unternehmenswerte und der Arbeitsproduktivität
- Geschwindigkeit immobilien-wirtschaftlicher Entscheidungsprozesse
- Qualität der Flächen
- Unterstützung der Ziele des Kerngeschäfts
- Pro-aktives Handeln bei immobilienwirtschaftlichen Fragestellungen

Corporate

- Reduzierung des Immobilienrisikos
- Flächeneffizienz
- Nutzerzufriedenheit

- Erfüllung Nutzer spezifischer Anforderungen an Flächen
- Steigerung der Flexibilität hinsichtlich der Nutzeranforderung
- Unternehmensübergreifende zentrale Bereitstellung von Flächen
- Qualität des Immobilienmanagements
- Transparenz des Immobilienportfolios
- Senkung der Immobilienkosten

Management

Estate

Abbildung 9: Aufgaben und Anforderungen CREM
Quelle: Modifiziert übernommen aus Ernst & Young; TU Darmstadt, 2008, S. 18, 45

Für die Auflistung der Aufgaben und Anforderungen im FM wurde, durch Bezug auf verschiedene Quellen, ebenfalls eine grafische Übersicht angelegt (siehe Abbildung 10). Dabei hat Schäfers bereits in 1997 eine Unterteilung der Aufgaben vorgenommen. Heute als operative Services bekannt, bilden sich im unteren Bereich des Hauses die drei Bereiche des Gebäudemanagements ab. Die übergeordneten Leistungen stellen nach der DIN EN 15221-1 die taktischen und strategischen Leistungen ab.[29] Die Abgrenzung wird im späteren Verlauf dieses Buches aufgegriffen und ausführlicher dargestellt (siehe Kapitel 5.2.2).

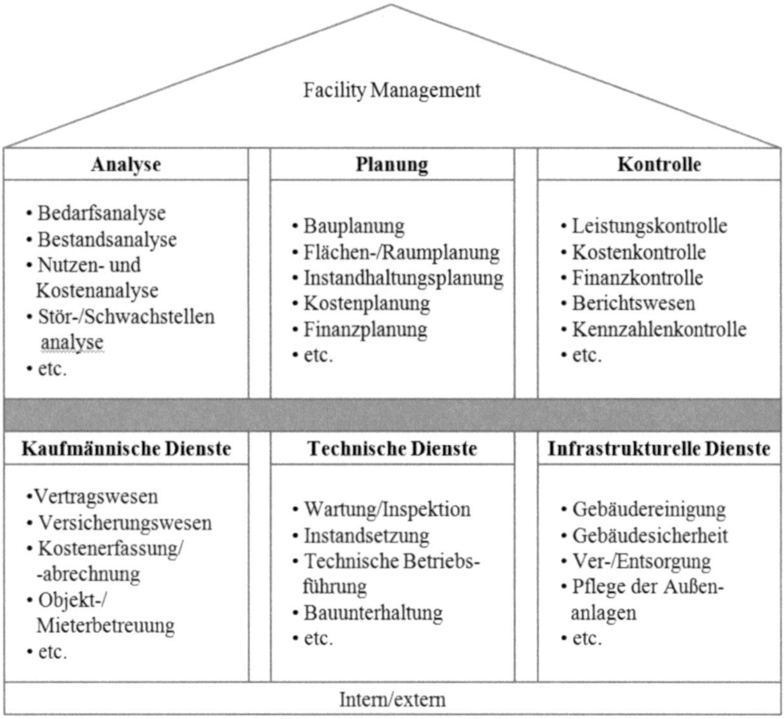

Abbildung 10: Aufgaben FM
Quelle: Modifiziert übernommen aus Schäfers, W; Schulte, K.W., 1997, S. 166; Scheider, 2004

Unter Punkt 2 können die verschiedensten kurzfristigen *Veränderung* auftreten. Hierbei ist ein Unternehmen oft dazu gezwungen, darauf einzugehen und, als Konsequenz daraus, konkrete Handlungen umzusetzen. Dazu sind beispielhaft fünf Umwelteinflüsse aufgegriffen und anbei mögliche fiktive Szenarien vorgestellt:

---

[29] Vgl. EN 15221-1, 2006, S. 10

- In der Wirtschaft (a) kriselt es. Es wird nicht der geplante Umsatz erwirtschaftet. Mitte des Jahres wird beschlossen, dass zum Ende des Jahres Kosten eingefahren werden müssen. In jedem Bereich wird nach möglichen Einsparpotentialen gesucht.

- In der Politik (b) wird eine Änderung der Arbeitsstättenverordnung beschlossen, sodass innerhalb von zwei Jahren jedes Gebäude eine Mindestfläche von XY m² über Flure und Treppenhäuser pro MA vorweisen muss.

- Das Kundenverhalten hat sich verändert und die Technologie (c) ermöglicht es, dass das Produkt weniger in den Shops und mehr über das Internet verkauft wird.

- Die Kundennachfrage (d) setzt neue Maßstäbe und innovative Ideen wurden auf den Markt gebracht. Das Geschäft boomt und somit sind schnelle Expansionen geplant, um auch in anderen Ländern Vorreiter zu sein.

- Die Gesellschaft (e) entwickelt neue Bedürfnisse. Sie wird immer mobiler, sodass sie zu jeder Zeit an jedem Ort erreichbar sein und auf ihre Daten zugreifen will. Eine sehr große Masse verfügt mittlerweile über ein Handy. Die Kommunikationsbranche wächst immens und so auch das Unternehmen.

Um direkt die Auswirkungen für das interne Immobilienwesen nachvollziehen zu können, ist dazu die folgende Übersicht zu betrachten (Tabelle 7):

Szenarien	Auswirkungen auf das Betriebliche Immobilienwesen
a) Wirtschaft	Flächen werden effizienter gestaltet, d.h. zum Ende des Jahres soll weniger Fläche für gleich viele Leute umgesetzt werden und somit sollen Miet- und Betriebskosten gespart bzw. durch Untervermietung eingefahren werden.
b) Politik	Es müssen neue Mietflächen für die Büros gefunden werden weil diese nicht mehr den Gesetzesanforderungen entsprechen. Das hat Umzüge sowie Vergrößerung von Flächen und somit mehr Service zur Konsequenz.
c) Technologie	Shops werden in den kommenden 6 Monaten geschlossen oder umgebaut. Es müssen kurzfristig die MV und DL Verträge beendet werden um Kosten zu sparen.

d) Kunden	Es müssen in kürzester Zeit Mietflächen sowie DL für die Bewirtschaftung dieser an neuen Standorten gefunden werden.
e) Gesellschaft	Es sind in kürzester Zeit viele neue Mitarbeiter zu rekrutieren, die alle einen Arbeitsplatz benötigen. Dazu sind schnell neue Flächen anzumieten und DL Verträge abzuschließen. Oder bestehende Flächen können zusammengelegt werden.

Tabelle 7: Auswirkungen der Szenarien auf das Betriebliche Immobilienwesen
Quelle: Eigene Darstellung

Es zeigt sich, dass egal welches Szenario eintritt, es immer in allererster Linie um die Bereitstellung beziehungsweise Kosten der Flächen und Services geht. Hier sind die Auswirkungen der Veränderung im Kerngeschäft direkt zu spüren. Andere Instrumente des CREM sind selbstverständlich dementsprechend anzupassen.

Unter dem Punkt 3 *Trends und Innovation* wurden durch die IFMA und dem Leiter Sales & Business Development der ISS Österreich, Ing. Reinhard Poglitsch, MBA, folgende Schlagwörter aufgeführt: Globalisierung, Technologische Entwicklung, Ökonomische Entwicklung, Verfügbarkeit von Wissen, Kommerzialisierung, Individualisierung, Demografische Entwicklung, Gesundheitsbewusstsein, Bewusstsein für Nachhaltigkeit, Neue Arbeitsweisen.[30]

Es wurden auch mögliche Herausforderungen in der Studie zusammengetragen, von denen ausgewählte, aus Sicht der Corporates, aufgelistet sind (siehe Tabelle 8):

Trend	Mögliche Trend-Auswirkung im CREM und FM
Globalisierung	Steigende Herausforderungen in Bezug auf internationale Koordination von FM Initiativen und FM Standards.
Technologische Entwicklung	Intelligente Technologie verändert die Steuerung und den Bedarf an Dienstleistungen.
Kommerzialisierung	Neue Integrationslevel im Outsourcing.
Individualisierung	IT wird wichtige Rolle in dieser Individualisierung spielen («myReports»). Individualisierte FM Leistungen müssen die individuellen Bedürfnisse abbilden, und belegbaren «added value» bringen.

---

[30] Vgl. Poglitsch, Reinhard, 2013, S.6-24

Demografische Entwicklung	Verstärkter Fokus auf «Employee-Wellness»: Service für Mitarbeiter (Wäsche, Shopping,...), Arbeitsplatzausstattung, Arbeitsplatzklima – physisch & psychisch.
Gesundheitsbewusstsein	Gebäude und Arbeitsplätze werden vermehrt unter dem Aspekt von Gesundheit und «well-being» gebaut und betrieben (neue FM Beratungs- und Analyseleistungen möglich).
	Caterer werden vermehrt durch «healthy food» Value Propositions schaffen können.
	Entwicklungschance FM vom Fokus «Gebäude» zum Fokus «Mensch».
Bewusstsein für Nachhaltigkeit	Steigende Dokumentationsanforderungen des ganzheitlichen, umweltrelevanten «footprints» im Zusammenhang mit dem Betrieb von Gebäuden.
	Trend zu «grünen» FM Leistungen.
Neue Arbeitsweisen	Steigender Bedarf an «Remote Service Ordering» (z.B. Raumreservationen, Logistikleistungen).
	Nutzer sind immer weniger an Objekte & Räume gebunden.
	Neue Qualitätsanforderungen: Nutzerzufriedenheit ist abhängig von Servicequalität in wechselnder Umgebung.

Tabelle 8: Trends und ihre möglichen Auswirkungen auf CREM und FM
Quelle: Eigene Darstellung in Anlehnung an Poglitsch, Reinhard, 2013, S.6-24

Einige dieser Trends sind schon stärker in der Branche zu spüren und einige davon weniger. Zum Beispiel das Thema *Globalisierung:* Bereits seit einigen Jahren wachsen Corporates immer mehr länderübergreifend zusammen und arbeiten an einigen zum Beispiel europäischen oder globalen Unternehmensstandards und Richtlinien. So besteht eine große Nachfrage, die Facility Services (Gebäudemanagement) länderübergreifend an ein und denselben Dienstleister zu vergeben, um ein einheitliches Erscheinungsbild über das gesamte Unternehmensportfolio zu schaffen.

Oder die Themen *Gesundheitsbewusstsein und Demographische Entwicklung:* Auch diese Themen sind bereits länger wahrzunehmen. Da die Corporates in ihrer Entscheidung frei sind, ob sie auf den Trend eingehen oder ihn aus der Ferne beobachten, gibt es einige die sich mehr um ihre Mitarbeiter kümmern aber auch einige, denen bereits der Begriff Work-Life-Balance fremd ist.

Hierbei kann man auch die Entwicklung im Bereich der *Neuen Arbeitswelten* erwähnen. Dazu gibt es bereits einige etablierte Forschungsinstitute und komplette Internetportale, wie zum Beispiel die Seite *future-workplace.com*. Dabei stellen unter Anderem große Konzerne wie Google, BMW Group, Philipps und Vodafone ihre neuen Arbeitswelten vor.[31]

Auch Dieter Boch von Siemens AG setzt sich damit auseinander und arbeitet an der Wissensverbreitung mit, unter anderem, einem Beitrag in dem Buch *Flexible Arbeitswelten*. Dabei wird die Mission vermittelt, dass zum einen die Motivation und Leistungsbereitschaft erhöht werden kann, wenn die Grenzen zwischen Arbeit und Freizeit fließender gestaltet werden. Zum anderen verbessert ein flexibles Office die Produktivität der Büroprozesse.[32]

Auf Grund dieser kurzfristigen Veränderungen und der langfristig steigenden Bedürfnisse wird im nachfolgenden Kapitel geklärt, wie mehr Flexibilität im CREM geschaffen werden kann?

3.3 Eingrenzungen und Annahmen für die Analyse

Mit folgender Eingrenzung beziehungsweise Annahmen bezüglich dem CREM der Corporates ist weiterführend zu arbeiten:

- Zentrales CREM[33]
- Bereits externe Erbringung von operativen Services

- Ständiges Streben nach Optimierung des CREM
- Anpassung des CREM an die Veränderungen im Kerngeschäft

---

[31]Vgl. Euroforum, 2013, S. 1, Zugriff am 16.5.13
[32] Zinser, 2004, S. 37f
[33] Die immer wieder geführte Diskussion über eine Zentralisierung oder Dezentralisierung kann unter Schulte, K.-W.; Schäfers, W., 2004, S. 251-258 nachgelesen werden

4 UNTERSUCHUNGSRAHMEN THEORETISCHE UND PRAKTISCHE ANALYSE

Der nachfolgend vorgestellte Untersuchungsrahmen basiert auf der Kenntnis, dass die Corporates ständigen Veränderungen ihrer Umwelt ausgesetzt sind. Dementsprechend muss das CREM im Bereich der Flächen- und Servicebereitstellung auf diese gewachsenen Anforderungen eingehen und die dafür notwendige Flexibilität schaffen. Um konkrete Empfehlungen durch eine Analyse erarbeiten zu können, bedarf es vorher einem gesetzten Untersuchungsrahmen. Dies wird durch die nachfolgend identifizierten Entscheidungskategorien und Handlungsmöglichkeiten ermöglicht. In der Analyse werden diese nach dem bereits erwähnten FEE-Prinzips bewertet. Wozu eine Matrix in einer Excel Tabelle verwendet wird[34].

4.1 Kriterien der Analyse

4.1.1 Entscheidungskategorien und Handlungsmöglichkeiten

Die Auswahl der Entscheidungskategorien und Varianten (Handlungsmöglichkeiten) zeigt die Abbildung 11. Bei der Analyse werden aus den Handlungsmöglichkeiten Potentiale sobald sie die höchste Bewertung erhalten.

Bereitstellung von Flächen und Services - Entscheidungskategorien mit Handlungspotentiale	3. Verrechnungsmodell
1. Art der Flächenbereitstellung	3a. Verrechnungsmodell Fest/Pauschalpreis
1a. Miete	3b. Verrechnungsmodell Open Book/Kosten plus Aufschlag
1b. Eigentum	4. Vergabemodell
1c. Arbeitsplatz-Anmietung	4a. Paket/Gesamt Dienstleistung
Bereitstellung von Flächen und Services - Entscheidungskategorien mit Handlungspotentiale	4b. System/Integrierte Services (ipv®)
1. Outsourcing Grad	5. Ausschreibungsmethode
1a. Outsourcing von weniger als 100% der operativen Services	5a. Leistungsorientiert
	5b. Ergebnisorientiert
1b. Outsourcing von 100% der operativen Services mit Einbindung des Dienstleisters in die Strategie	5c. Mix aus Leistungs- und Ergebnisorientiert
	5d. Ergebnisorientiert mit SLA
2. DL Anzahl	6. Ausschreibungsverfahren
2a. Bereitstellung der Services mit mehreren Dienstleistern	6a. Verfahren der Funktionalvergabe nach GEFMA 960 in Anlehnung an VOB/VOL
2b. Bereitstellung der Services mit nur einem Dienstleister	

Abbildung 11: Übersicht der Entscheidungskategorien mit jeweiligen Handlungsmöglichkeiten
Quelle: Eigene Darstellung

---

[34] Diese kann im weiteren Verlauf als Analysemodell bezeichnet werden.

Betrachtet man die Abbildung 11 zeigt sich, dass die Flächenbereitstellung vorgelagert und separiert von der Servicebereitstellung betrachtet wird. Das hat damit zu tun, dass das hierbei aufgedeckte Handlungspotential direkt Einzug in die Analyse der Servicebereitstellung nimmt.

Generell geht es bei dieser Entscheidungskategorie *Art der Flächenbereitstellung* um das allseits bekannte Diskussionsthema- Miete versus Eigentum. Diese werden als Varianten (Handlungsmöglichkeiten) in die Analyse aufgenommen. Eine dritte Variante stellt die moderne Überlegung der Arbeitsplatz Anmietung dar.

Eine auch sehr oft geführte Abwägung leitet zu der Bereitstellung der Bewirtschaftung dieser Flächen über. Dabei geht es um die Abwägung Eigenerbringung versus Fremdleistung (Outsourcing). Mittlerweile sind die allgemeinen Vor- und Nachteile innerhalb der Branche allseits bekannt, sodass diese Abwägung im Rahmen dieser Arbeit nicht mehr geführt wird.[35]

Im Rahmen der nachfolgenden Untersuchung geht es um die detaillierten notwendigen Entscheidungen im Bereitstellen von Services. Somit ergeben sich die in der Abbildung 11 aufgelisteten Entscheidungskategorien. Die jeweiligen Handlungspotentiale sind auch direkt darunter zugeordnet.

Die chronologische Darstellung der festgelegten Entscheidungskategorien ist so gewählt, um auf die notwendige Kombination aller einzelnen Entscheidungskategorien hinzudeuten.

Die Kategorien sind bewusst einzeln aufgestellt, weil darin explizit Entscheidungen für die Bereitstellung von Services getroffen werden müssen. Sie können somit klar heraus gearbeitet werden, selbst wenn es dadurch teilweise zu Überschneidungen der Argumentation in der Analyse führt.

Die Handlungsmöglichkeiten ergeben sich aus dem bisherigen Stand der Wissenschaft, welcher für die festgelegten Entscheidungskategorien zu Rate gezogen wurde.

Das jeweilige Handlungspotential einer einzelnen Entscheidungskategorie stellt zwar bereits eine erste Möglichkeit der Schaffung von Flexibilität, Effizienz und Effektivität (FEE) dar, wird aber ohne Hinzuziehung aller anderen nicht zu der vorher definierten Zielerreichung führen. Die Handlungspotentiale bauen daher in einer Chronologie auf einander auf.

Die Erläuterung dieser bestimmten Auswahl von Entscheidungskategorien und ihren jeweiligen Handlungsmöglichkeiten wird anhand der einzelnen Behauptungen begründet (siehe Tabelle 9) und in der theoretischen Analyse sowie dem Anwendungsbeispiel (praktische Umsetzung) unter Beweis gestellt.

---

[35] Zum weiteren Nachlesen befinden sich diese im Anhang. Weiterhin kann eine der Hauptquellen hinzugezogen werden: Hellerforth, 2004

Art der Flächen:	Mit einer sehr kurzen Laufzeit der Flächen Bereitstellung und der optimal an den tatsächlichen Bedarf angepassten Flächengröße beziehungsweise Arbeitsplatzanzahl kann die höchste Flexibilität erreicht werden.
Outsourcing Grad:	Je mehr Leistungen an den externen Dienstleister vergeben werden desto geringer ist die interne Ressourcenbindung und in Kombination mit dem möglichen Zugriff auf den großen Ressourcen Pool des DL entsteht mehr Flexibilität.
DL Anzahl:	Durch die Zusammenarbeit mit möglichst wenigen Dienstleistern ist die Veränderungen im Bereich Services kurzfristiger und schneller umzusetzen und somit ist ine höhere Flexibilität geschaffen.
Verrechnungsmodelle:	Die Flexibilität wird hierbei geschaffen, indem die Leistungen und Qualitäten veränderbar sein und den Anforderungen des Corporates angepasst werden können und trotzdem eine Sicherheit über die Gesamtsumme der Kosten besteht.
Vergabemodelle:	Nur wenn dem DL mehr als die einfache Ausführung der Services übertragen wird und er neben der Verantwortungsübernahme auch effizient wirtschaftet, rückt der Servicegedanke ganz in den Vordergrund und kann somit die Flexibilität anbieten, welche den AG Ansprüchen gerecht wird. Außerdem steht hinter der Flexibilität ebenso die dauerhaf- te Ressource, ständig Qualität zu verbessern und Innovation mit einzubringen sowie voran zu treiben.
Ausschreibungsmethode:	Nur mit der richtigen Ausschreibungsmethode lassen sich die gewünsch- te Handlungen umsetzen. Das heißt, es bedarf einer sehr offenen und wenig beschränkten Methode um einen DL zu finden, der 100% der operativen Services und auch das strategische FM übernimmt, sich dazu noch zu einem Festpreis festlegen lässt und zu guter Letzt dies auch als Systemvergabe zu verstehen ist.
Ausschreibungsverfahren:	Nur ein Verfahren welches, dem AG und auch dem DL in der Aus- schreibung die Möglichkeit gibt, ihre beiderseitigen Fragen zu klären und ein Gefühl für die mögliche Geschäftsbeziehung zu entwickeln bringt den größten Erfolg und lässt die Prüfung der umzusetzenden flexiblen Handlungspotentiale zu.

Tabelle 9: Behauptungen gewählte Entscheidungskategorien
Quelle: Eigene Darstellung

4.1.2 Flexibilität, Effizienz und Effektivität (FEE-Prinzip)

Dazu lässt sich vorab allgemein der Begriff *Flexibilität* erläutern. Dem Wirtschaftslexikon ist zu entnehmen, dass die Anpassungsfähigkeit organisatorischer Strukturen und Abläufe im Zentrum der organisationstheoretischen Flexibilitätsforschung steht.[36] Es lassen sich bereits Untersuchungen über die Flexibilität bis in die 1920er-Jahre zurückverfolgen.[37] „(…) [Schon damals ging es darum,] wie Handlungsspielräume zur Erfolgssicherung bei unerwarteten zukünftigen Entwicklungen aufgebaut werden können".[38]

Angeknüpft an diese Definition, werden folgende spezifizierte Kriterien (Unterkriterien) festgehalten, um die Flexibilität für die Bereitstellung der Flächen und Services zu untersuchen:

- keine oder geringe zeitliche Bindung
- weitere geringe Ressourcen Bindung
- trotzdem kurzfristiger Zugriff auf großen Ressourcen Pool
- schnelle Entscheidung und Kommunikation

Diese Unterkriterien erheben keinen Anspruch auf Vollständigkeit und sind vor dem Hintergrund der jeweiligen Unternehmenssituation individuell zu ergänzen und anzupassen. Denn sie stellen die Nachfragen des jeweiligen Corporate an das CREM beziehungsweise die Erwartung von den immobilienbezogenen Unterstützungsprozessen dar.

Diese Unterkriterien werden in Verbindung mit den jeweiligen Handlungsmöglichkeiten nachvollziehbar gemacht. Dies lässt sich erst innerhalb der Analyse schaffen.*

Wenn nur die Flexibilität im CREM geschaffen werden soll, lässt sich dies mit einigen Handlungsmöglichkeiten schaffen. Es würde aber gegen das vom Corporate angestrebte *FEE-Prinzip* gehen und ein erfolgreiches Wirtschaften könnte dadurch beeinflusst werden. Daher konkurriert die Flexibilität auch immer mit der Effizienz und der Effektivität.

Die *Effizienz* ist definiert als die ökonomische Seite des Mitteileinsatzes und die *Effektivität* behandelt die operative. Es geht zum einen um die Frage, ob die Dinge richtig beziehungsweise wirtschaftlich umgesetzt werden und zum anderen wird die Frage beantwortet, ob die Dinge richtig getan werden.[39]

---

[36] Vgl. Wirtschaftslexikon, 2012, Zugriff am 21.5.13
[37] Vgl. Schmidt, 1926, S.85
[38] Wirtschaftslexikon, 2012, Zugriff am 21.5.13
[39] Vgl. Wirtschaftslexikon24, 2013, Zugriff am 7.6.13

Da diese beiden Begriffe ebenfalls bei der Analyse beachtet werden müssen, werden auch für sie Unterkriterien festgehalten, um die auch die Effizienz und die Effektivität bei der Bereitstellung der Flächen und Services zu untersuchen:

Effizienz:

- geringer interner Personal Aufwand
- geringer Finanz Aufwand

Effektivität:

- entsprechend geforderte Qualität geliefert
- individuelle Ausgestaltung möglich

Diese Unterkriterien erheben keinen Anspruch auf Vollständigkeit und sind vor dem Hintergrund der jeweiligen Unternehmenssituation individuell zu ergänzen und anzupassen. Denn sie stellen die Nachfragen des jeweiligen Corporate an das CREM beziehungsweise die Erwartung von den immobilienbezogenen Unterstützungsprozessen dar.

Diese Unterkriterien finden ihren direkten Bezug und somit auch die nachvollziehbaren Erläuterungen bei der Argumentation durch die Kombination mit den einzelnen Entscheidungskriterien während der Analyse.[40]

4.2 Analyse- und Bewertungsmatrix

Beide in den vorherigen Kapiteln ausführlich vorgestellten Tatsachen:

- Mögliche Flexibilitäts-Schaffung durch Erarbeitung der Handlungspotentiale
- Beachtung der anderen beiden Faktoren des FEE-Prinzips (Flexibilität, Effizienz und Effektivität)

werden in einer Excel Tabelle vereint. Daraus entsteht die komplexe Analyse- und Bewertungsmatrix, wie in **Abbildung** 12 dargestellt.

---

[40] Da sich direkt zwei Szenarien, bei der Untersuchung der Herausforderungen im CREM (Kapitel 3.2), herausgebildet haben lässt sich die Nachvollziehbarkeit bereits etwas andeuten. Denn zum einen geht es um den möglichen eintretenden Fall einer Flächenverkleinerung beziehungsweise Reduzierung. Oder es geht um die Notwendigkeit der Flächenvergrößerung am selben Standort, im selben Gebäude oder in einem noch unbekannten Gebiet.

Wertung für ein einzelnes Kriterium:
0 für "neutral", 1 für "trifft zu", 2 für "trifft voll zu" UND -1 für "trifft nicht zu", -2 für "trifft überhaupt nicht zu", es ergeben sich in Summe versch. **Bewertungsskalen**

	Argumente / Behauptung:	Zitate	Fußnote	→ gegeben somit als Vorteil zu werten			→ nicht gegeben somit als Nachteil zu werten			Risiko welches Erfolg dieser Variante stören könnte	Summe Punkte (mit gew. Risiko)	Faktor der Pkt. höchst erreichb PktZahl	Dividierte Pkt. sodass gleicher Nenner
				a) unter dem Aspekt der Flexibilität	b) unter dem Aspekt der Effizienz	c) unter dem Aspekt der Effektivität	a) unter dem Aspekt der Flexibilität	b) unter dem Aspekt der Effizienz	c) unter dem Aspekt der Effektivität				
Handlungs-potentiale													
Gewichtung													
Entscheidungskategorie													
Handlungspotential / Erklärung													
Bewertung der Flexibilität	Platz für die Argumentation der jeweilig vergebenen Bewertung zwischen -2 bis 2			SUM			SUM				SUM		SUM
dafür festgelegten Kriterium	Platz für die Argumentation der jeweilig vergebenen Bewertung zwischen -2 bis 2												
Bewertung der Effizienz	Platz für die Argumentation der jeweilig vergebenen Bewertung zwischen -2 bis 2				SUM			SUM			SUM		SUM
dafür festgelegten Kriterium	Platz für die Argumentation der jeweilig vergebenen Bewertung zwischen -2 bis 2												
Bewertung der Effektivität	Platz für die Argumentation der jeweilig vergebenen Bewertung zwischen -2 bis 2					SUM			SUM		SUM		SUM
dafür festgelegten Kriterium	Platz für die Argumentation der jeweilig vergebenen Bewertung zwischen -2 bis 2												

Abbildung 12: Prinzip der Bewertung im Analysemodell
Quelle: Eigene Darstellung

Es werden senkrecht alle Entscheidungskategorien und die jeweiligen Handlungsmöglichkeiten sowie die Haupt- und Unterkriterien (FEE) abgetragen. Waagerecht sind die Spalten für die Bewertung der FEE zu finden. Diese sind zweimal dargestellt, in grün für die positive Bewertung und rot für die negative.

Bei der Bewertung der FEE wird Einschätzung abgegeben, ob mit der jeweiligen Handlungsmöglichkeit die Unterkriterien erreicht werden können oder nicht. Dies wird zusätzlich mit der Vergabe von Punkten besser kenntlich gemacht. Hierfür gibt es die folgende Auswahlmöglichkeit:

- **0** für neutral
- **1** für trifft zu
- **2** für trifft voll zu

und

- **-1** für trifft nicht zu
- **-2** für trifft überhaupt nicht zu

Diese Punkte werden jeweils im Analysemodell in einer Zeile pro Handlungsmöglichkeit und Unterkriterium abgegeben. In den darüber liegenden Zeilen werden diese einmal als Summe für das Hauptkriterium zusammen gefasst und dann noch für die Endbewertung der einzelnen Entscheidungskategorie. Am Ende werden beide Summen Nenner-gleich gemacht, um jeweils den Bezug zu 1 zu haben und entsprechend exakt die Ergebnisse anzeigen und mit einander vergleichen zu können.

4.3 Methodische Vorgehensweise

Der Kernteil dieser Analysematrix stellt die Argumentation für den wissenschaftlichen Beleg der einzelnen Einschätzungen dar. Diese Argumentation wird durch Zitate der aktuellen Literatur gestützt. Darüber hinaus sind teilweise komplette Entscheidungskategorien mit führenden Fachexperten der deutschen Immobilien-/ Facility Management diskutiert und validiert. Dabei handelt es sich um Fachpersonal seitens der CREM Abteilungen sowie Beratungsgesellschaften.

In den kommenden Abschnitten werden die einzelnen Entscheidungskategorien nacheinander analysiert und ihre Handlungsmöglichkeiten bewertet.

Innerhalb des Analysemodells sind die einzelnen Handlungsmöglichkeiten innerhalb einer Entscheidungskategorie unabhängig voneinander analysiert und bewertet. Die einzelnen Schlüsse und Vergleiche der verschiedenen Handlungsmöglichkeiten pro Entscheidungskategorie werden erst jetzt in der Fließtext-Variante der Analyse dargestellt. So ist eine unabhängige und wissenschaftlich fundierte Analyse entstanden.

Im Fließtext dieses Buches werden auch nur die wichtigsten Argumente der jeweiligen Handlungsmöglichkeiten pro Entscheidungskategorie zusammengefasst wieder gegeben.[41]

Im Anschluss an dieses Kapitel werden zwei Analysen im Fließtext zusammengefasst. Zum einen stellt das nachfolgende Kapitel 5 *theoretische Untersuchung* den derzeitigen Stand der Literatur dar. Und zum anderen wird die *Umsetzung des Anwendungsbeispiels Teko* im Kapitel 6 vorgestellt und mit den vorher aufgedeckten Handlungspotentialen verglichen.

---

[41] Jedes einzelne Argument und jede einzelne Bewertung ist in einem Excel Analysemodell aufgeführt, welches nur in elektronischer Form vorhanden ist und auf Nachfrage von dem Autor erworben werden kann.

5 THEORETISCHE ANALYSE

5.1 Hinweise zur Vorstellung der Analyse Ergebnisse

Bei der nachfolgenden Analyse werden die Ergebnisse der Untersuchung je Entscheidungskategorie dargestellt.

Dabei wird immer die gleiche Gliederung verfolgt. Zuerst wird der Bezug zu der in 4.1 aufgestellten Behauptung hergestellt. Danach wird die Bewertungsgrafik dargestellt. Diese gibt die jeweils erreichten Gesamtpunkte sowie Einzelpunkte für die drei FEE-Kriterien und die unterschiedlichen Handlungsmöglichkeiten an.

Anschließend wird pro Variante eine kurze Erläuterung abgegeben sowie das grafisch dargestellte Ergebnis interpretiert und mit den wichtigsten Argumenten der Analyse belegt.

Die gesamte Entscheidungskategorie betreffend, wird abschließend festgehalten, ob sich die Behauptung bestätigt hat oder widerlegt wurde.

Am Ende fließen alle vorgestellten Einzelergebnisse der jeweiligen Entscheidungskategorien in eine gesamthafte Empfehlung ein.

5.2 Analyse der einzelnen Entscheidungskategorien

Allein der Punkt 5.2.1 bezieht sich auf die Analyse der möglichen flexiblen Flächenbereitstellung. Alle anderen nachfolgenden Punkte 5.2.2 bis 5.2.6 untersuchen die mögliche flexible Bereitstellung der Services.

5.2.1 Art der Flächen

Folgende Behauptung aus dem Kapitel 4.1 wird hier untersucht: *Mit den geringstmöglichen Fristen und Laufzeiten und der Möglichkeit, die Flächen ständig dem tatsächlichen Bedarf anzupassen, kann die höchste Flexibilität bei der Bereitstellung von Flächen erreicht werden.* Nachfolgend wurde die Untersuchung auf drei Varianten beschränkt. Anhand der Grafik zeigt sich, dass alle drei Varianten sehr unterschiedliche Ergebnisse bei den FEE-Kriterien haben (siehe Abbildung 13).

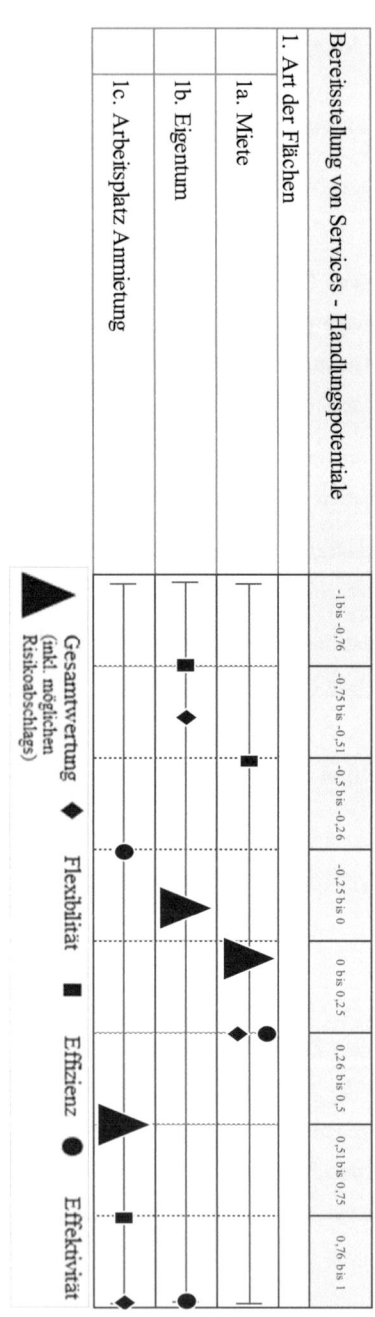

Abbildung 13: Bewertungsmatrix Entscheidungskategorie Art der Flächen
Quelle: Eigene Darstellung

1a: Miete

Es besteht eine hohe Flexibilität, da nur eine geringe Ressourcenbindung vorliegt und die Neubeschaffung weiterer Flächen auf Grund der Beschaffenheit des Mietmarktes auch kurzfristiger möglich ist.[42] Diese Ansicht unterstützen auch Schäfers und Gier indem sie meinen, dass Raumkapazität relativ schnell aufgebaut werden kann und Flächen aber auch zügig aufgegeben werden können.[43] Dem gegenüber steht jedoch auch das Abhängigkeitsverhältnis zu dem Vermieter. Es sind auch meist nur 1 von 2 Punkten bei den Unterkriterien der Flexibilität vergeben, da der Vermieter die Wahl hat, auf langfristige Mietlaufzeiten zu bestehen oder nicht zu bestehen, und auch nicht zwingend einem vorzeitigen Auszug und einer Nachvermietung zustimmen muss.

Das gleiche Risiko und Abhängigkeitsverhältnis besteht bei der Effektivität. Dies kann sehr hoch bewertet werden, dann liegen auch optimalste Verhältnisse vor. Die exakt auf den Corporate zugeschnittene Fläche lässt sich zwar bei der Objektsuche und dem Neubezug umsetzen. Spätestens bei den ersten Veränderungen, nach wenigen Jahren schon, sind Anpassungen durch die Einschränkungen des Vermieters und der Mit-Mieter nicht ohne weiteres möglich. Auch hier wird die Einschätzung wieder durch Schäfers und Gier unterstützt. Sie sind der Auffassung, dass die Notwendigkeit der Zustimmung des Vermieters bei Um- und Ausbauten die Miete als inflexible Bereitstellungsform werden lässt.[44]

Die Effizienz wird rundum negativ bewertet. Dies liegt zum einen an dem hohen FTE Aufwand, welcher für die Verwaltung der Mietflächen von Nöten ist. Und zum anderen entstehen hohe laufende Kosten.[45] Etwas abgefedert wird die negative Bewertung durch die Ersparnis bei den einmaligen Kosten, welche meist mit dem Erhalt einer Immobilie verbunden sind, und diese Verantwortung oftmals bei dem Vermieter bleibt.

1b: Eigentum

Die Abbildung 13 stellt die eindeutig nicht vorhandene Flexibilität bei Eigentum dar. Neben dem allseits bekannten Argument der Kapitalbindung führen hier eher die Einschätzungen zu der Ressourcen- und Zeitbindung zu dieser negativen Gesamtbewertung.

---

[42] Wobei dies in jeweiligen Einzelfällen zu prüfen ist, da sich die Märkte selbst in Bezug auf die Miete innerhalb der nachgefragten Regionen sehr stark unterscheiden. Darauf weist der stellvertretende Leiter der Teko hin, indem er meint, dass Flächen größer 10.000m² in gewissen deutschen Städten nicht kurzfristig zu bekommen sind.
[43] Vgl. Schäfers; Gier, S.869 in Schulte, K.W., 2005
[44] Vgl. Schäfers; Gier, S.869 in Schulte, K.W., 2005
[45] Weiterlesen der einzelnen Kosten unter Pfnür, 2002, S. 223

Die Effizienz wurde sogar mit minus 3 von minus 4 Punkten bewertet. Die Gründe liegen hier in dem hohen kapazitiven Aufwand (HC), welcher nötig ist, um das Eigentum ganzheitlich zu verwalten. Und eine Effizienz würde bei den laufenden sowie einmaligen Kosten nur entstehen, wenn die Betrachtung eines langfristigen Horizonts mit einbezogen wird, da sich ein solch hohes Investment meist erst über die Jahre rechnet.

Die einzigen Punkte können bei der Effektivität gesammelt werden. Diese Variante der Flächenbereitstellung ermöglicht einen individuellen und dauerhaft uneingeschränkten Ausbau (bis auf die Architektur und dem Baurecht) und lässt eine fortwährende Anpassung zu. Diese Einschätzung wird auch mit der Ansicht von Schäfers verstärkt, indem er den wesentlichen Vorteil in der Wahrung der Kontrolle über die Nutzung und deren Veränderbarkeit hervorhebt.[46]

1c: Arbeitsplatz Anmietung

Unter der Arbeitsplatz Anmietung wird die Variante verstanden, bei der nur die tatsächlich belegten Flächen angemietet und bezahlt werden. Bisher gibt es dieses Prinzip in der Verbindung zu dem All-Service Angebot nur von dem Anbieter Regus, weshalb dies auch die Hauptquelle für die Hinterlegung der Argumente darstellt. Jedoch hat auch Pierschke bereits eine erste Erläuterung dazu festgehalten und Regus als „Serviced Office-Anbieter" bezeichnet.[47]

Diese Variante bietet viele Vorteile zur Gewinnung der notwendigen Flexibilität und sammelt hierbei auch gleich die volle Punktzahl. Es besteht keinerlei Ressourcenbindung, selbst das Personal für die Flächenverwaltung wird intern gespart. Es kann auf einen großen Flächenbestand zugegriffen werden, da Regus mittlerweile an über 1.500 Standorten rund 3 Millionen Geschäftsraumflächen angemietet hat und ein Kunde darauf kurzfristig zugreifen kann.[48]

Die Effizienz dieser Variante über diesen Anbieter lässt sich schwer beurteilen. Es kommt auch auf die Einzelfälle eines jeden Corporate an, inwieweit er die im Mietpreis eingepreiste Flexibilität akzeptiert. Fest steht jedenfalls, dass intern keine Verwaltungskosten anfallen, ebenfalls werden keine Ausgaben für den Objekterhalt notwendig. Und somit kann je nach Sichtweise von einer existierenden Effizienz gesprochen werden.

---

[46] Vgl. Schäfers, 1997, S. 231
[47] Vgl. Pierschke, Barbara, 2001
[48] Vgl. Regus, 2013, Zugriff am 16.4.13

Große Einschnitte müssen jedoch bei der Effektivität vorgenommen werden. Dies stellt auch die offensichtliche Verbesserungslücke dar. Der Anbieter Regus wirbt zwar damit, für jeden Kunden die individuelle Lösung zur Verfügung stellen zu können, unabhängig ob es sich dabei um global tätige Großunternehmen oder Jungunternehmer mit einer neuen Geschäftsidee handelt.[49] Er stellt generell nur gewisse Standardqualitäten und Ausstattungen zur Verfügung. Diese sind zwar in verschiedene Preis-Kategorien unterteilt, aber eine ganz individuelle Ausgestaltung der Flächen ist demnach nicht möglich.[50] Ebenso gelten die Einschränkungen auch bei der Anpassung der Flächen an die veränderten Ausbauansprüche. Außerdem meint der stellvertretende CREM Leiter der Teko, dass es das Gleiche bei der Verfügbarkeit und auch der Flächenanzahl ist.[51]

Zuletzt ist auf die große Abhängigkeit von diesem einzigen Anbieter und dem fehlenden Anbieter-Wettbewerb hinzuweisen.

In Bezug auf die Behauptung lässt sich keine optimale Lösung in einer der drei Varianten wiederfinden, wobei bei heutigem Wissensstand, die Variante der Miete den besten Kompromiss nach dem FEE Prinzip darstellt.

5.2.2 Outsourcing Grad

Die Behauptung wieder in Erinnerung rufend, kann durch den Outsourcing Grad unterschiedliche hohe Flexibilität erreicht werden; je nachdem wie viele der zu erbringenden Leistungen von Externen ausgeführt werden. Nachfolgend wurde die Analyse auf zwei Varianten begrenzt.

---

[49] Vgl. Regus, 2013, Zugriff am 16.4.13
[50] Vgl. Interview mit Flächenbeauftragten des Teko, am 11.6.13
[51] Vgl. Interview mit stellvertretendem CREM Leiter Teko, am 27.6.13

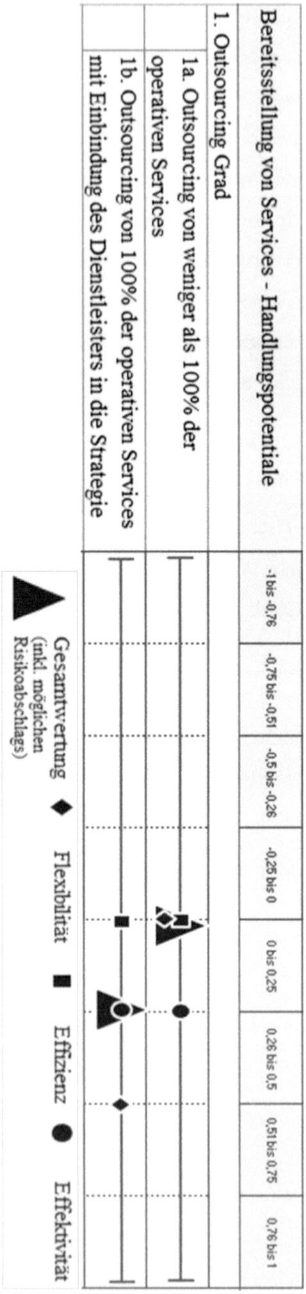

Bereitsstellung von Services - Handlungspotentiale	-1 bis -0,76	-0,75 bis -0,51	-0,5 bis -0,26	-0,25 bis 0	0 bis 0,25	0,26 bis 0,5	0,51 bis 0,75	0,76 bis 1
1. Outsourcing Grad								
1a. Outsourcing von weniger als 100% der operativen Services								
1b. Outsourcing von 100% der operativen Services mit Einbindung des Dienstleisters in die Strategie								

Gesamtwertung (inkl. möglichen Risikoabschlags) ◆   Flexibilität ■   Effizienz ●   Effektivität

Abbildung 14: Bewertungsmatrix Entscheidungskategorie Outsourcing Grad
Quelle: Eigene Darstellung

1a: Outsourcing von weniger als 100% der operativen Services

Die Abbildung des FM Hauses in Kapitel 3 (siehe Abbildung 10) lässt diese Variante gut erklären. Die operativen Leistungen stellen die drei unteren Balken dar, sodass bei einem Outsourcing Grad von weniger als 100% nicht alle dieser einzelnen Aufgaben an einen Dienstleister vergeben werden. Das gesamte taktische und strategische FM bleibt auch im CREM, zur Einordnung dient die folgende Grafik (Abbildung 15):

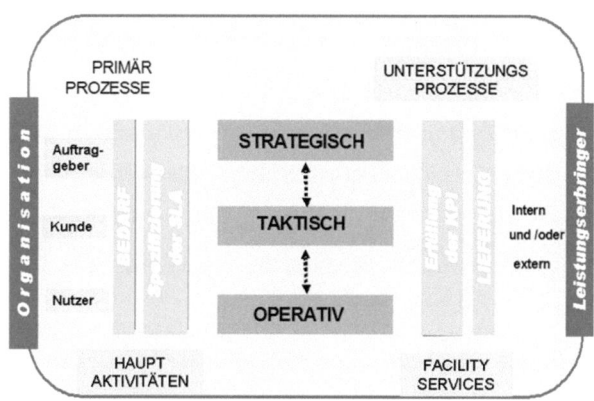

Abbildung 15: Ebenen des Facility Managements
Quelle: EN 15221-1, S.8

Unabhängig davon ob nur 60 Prozent oder 80 Prozent der operativen DL vergeben werden, erhält diese Variante eine Gesamtbewertung von 0. Es zeigt sich, dass dabei kein Potential für die Erreichung der Flexibilität besteht, lediglich die Effektivität erhält einige wenige positive Punkte (siehe Abbildung 14).

Ein Nachteil besteht darin, dass das interne Personal über einen FTE Stamm verfügen muss, welcher die verbleibenden Leistungen ausführt beziehungsweise die Steuerung und die Schnittstelle zum DL verantwortet. Die Qualitätssicherung muss dabei auch sehr stark seitens des Kunden vorangetrieben werden. Es sind insgesamt viele Personen involviert, weshalb die Entscheidungsprozesse und Kommunikation langsamer sind.

Abschließend ist der Vorteil nach der GEFMA 500 zu nennen: die Lösung des internen Ressourcen Problems.[52] Das heißt, sobald die Entscheidung für ein Outsourcing getroffen ist, kann dieser Grad immer weiter ausgeweitet werden und daher auf den Ressourcen Pool vom DL zugegriffen werden.

---

[52] Vgl. GEFMA 500, 1996, S.5

Außerdem ist davon auszugehen, dass ein externer DL generell hohe Qualität liefern kann, da er für die einzelnen Services speziell ausgebildetes Personal hat.

1b: Outsourcing von 100% der operativen Services mit Einbindung des Dienstleisters in die Strategie

Alle outsourcebaren Leistungen werden extern vergeben, in Bezug auf die Abbildung 15 umfasst das auch die taktische und zum Teil strategische Ebene. Nach der Definition der DIN EN 15221-1 heißt taktisch, dass sämtliche Managementleistungen der operativen Services vergeben werden.

Auf der obersten Ebene erfolgt eine Einbindung des DL beim Kunden. Nach Madritsch ist es als professionelles FM auf DL Seite zu verstehen, welches zu einer dauerhaften und kontinuierlichen Qualitätsverbesserung sowie dem Ausschöpfen von Einsparpotentialen führt. Dies ist oft auch mit der Einführung von einem professionellen Qualitäts- und Prozessmanagement verbunden.[53]

Diese Handlungsmöglichkeit erreicht eine höhere Gesamtpunktzahl als 1a und lässt sich somit als Handlungspotential identifizieren.

Der erste Vorteil besteht in der geringen beziehungsweise kaum existierenden zeitlichen Bindung bei der Leistungserbringung. Im Gegensatz zu der internen Erledigung mit eigenem Personal kann die Leistungserbringung kurzfristig eingestellt beziehungsweise flexibel an den sich veränderten Flächenbestand angepasst werden. Meist wird durch eine Anpassungsklausel der Freiraum für Veränderlichkeit des Leitungsumfangs- beziehungsweise der Qualität mit demselben DL geschaffen.

Es sind zum einen fast keine eigenen FTEs mehr intern gebunden, dafür kann trotzdem auf einen sehr großen Ressourcenpool zu gegriffen werden.

In Gesamtheit erhält die Flexibilität somit 0,5 von 1 Punkten und gibt daher eine offensichtliche Andeutung für weiteres Potential, welches mit den darauf aufbauenden und nachfolgenden Entscheidungen gehoben werden kann.

Abschließend wird die Effektivität auf Grund der möglichen Qualität positiv bewertet. Nach Madritsch wird mehr Kundenorientierung sowie effizientes und effektives Arbeiten durch das strategische FM erwartet, und die Qualität soll durch das strategische/professionelle FM steigen.[54]

---

[53] Vgl. Madritsch, 2012, S. 53f
[54] Vgl. Madritsch, 2012, S. 53f

5.2.3 Dienstleister Anzahl

Die Bewertungsgrafik zeigt auch hier markante Unterscheidungen zwischen den zwei ausgewählten Varianten (siehe Abbildung 16), dies ist ein erster Beleg für die vorher aufgestellte Behauptung, *dass die Veränderungen im Bereich Services kurzfristiger und schneller umzusetzen ist, wenn mit einer geringeren DL Anzahl gearbeitet wird und somit eine höhere Flexibilität geschaffen wird.*

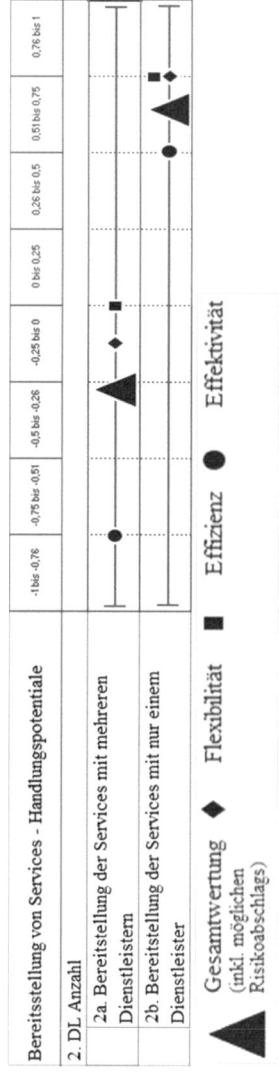

Abbildung 16: Bewertungsmatrix Entscheidungskategorie DL Anzahl *(Quelle: Eigene Darstellung)*

2a: Bereitstellung der Services mit mehreren Dienstleistern

Hierbei geht es allein um die Gesamtanzahl der DL über alle Standorte des Kunden. Ob jedes FM Gewerk an einen anderen DL vergeben wird oder die DL pro Region beauftragt werden nimmt, auf Grund der Variantenvielfalt, keinen Einzug in die Analyse und Bewertung.

Die wesentlichen Negativpunkte sammelt diese Handlungsmöglichkeit zum einen dadurch, dass die beauftragten DL nicht verpflichtet sind auch neue Standorte des Corporates mit zu bewirtschaften. Somit kommt es zu starken zeitlichen Verzögerungen und Personalaufwendungen, welche für die Suche und Neubeauftragung zu verbuchen sind.

Zum anderen werden die Services zwar extern erbracht, aber für die Steuerung aller DL sowie für das Controlling und all die Rechnungsbegleichungen werden trotzdem intern FTEs benötigt. Stadlhöfer sieht in einer erhöhten DL Anzahl auch einen höhere Steuerungs- und Administrationsaufwand.[55]

Trotz des Einsatzes von qualifiziertem Personal kann hier in der Ausführung nicht für die Qualität unter dem Punkt Effektivität gepunktet werden. Die Qualität mit mehreren DL lässt sich nur schwer vereinheitlichen. Des Weiteren bedarf es einem sehr hohen internen Aufwand die Steuerung so durchzuführen, dass die erwartete Qualität auch wie vereinbart erbracht wird. Dies lässt sich später durch die entsprechende Entscheidung bei der Ausschreibungsmethode als Potential heben.

Bei der Effizienz ist ein Vorteil in dem Preiscontrolling zu verzeichnen. Durch den gewonnen Wettbewerb, unter den beauftragten Dienstleistern, entsteht die Möglichkeit die DL preislich gegeneinander auszuspielen.

2b: Bereitstellung der Services mit nur einem Dienstleister

Hierbei werden die gesamten operativen Gewerke an ein Großunternehmen ausgelagert, welches über das gesamte ausgebildete Personal und eine breite lokale wie nationale Präsenz verfügt. Meist sind solche Auftragnehmer über die Jahre, auf Grund der verstärkten Nachfrage nach einem Komplett- DL, durch Zukauf verschiedener Spezial DL gewachsen.

Bei einer solchen Großbeauftragung wird ein gewisses Eigenmanagement vorausgesetzt und dementsprechend hat der DL die dafür notwendigen Strukturen, mit Hilfe von wenigen

---

[55] Vgl. Berater der FM Branche, 2011 Mai, S. 11

Schnittstellen und Verantwortlichen zu schaffen, sodass schnelle Entscheidungen und Kommunikationen abgesichert sind.[56]

Der CREM Abteilung bleibt nur die Steuerung, Kontrolle, (sehr gering bei nur einem DL), und Strategie.

Die hohe Effizienz kann dadurch erreicht werden, dass auf Grund der Bündelung der outgesourceden Services ein verminderter Preis erwartet und dementsprechend Service Kosten gespart werden. Dies bestätigt auch Stadlöder mit seiner Aussage, dass der möglicherweise höhere Preisdruck in der Vergabe im Ergebnis zu einem unter dem Marktniveau liegenden Preis führt.[57]

Es wird auch nicht gleich eine Pönalzahlung fällig, sobald der Leistungsumfang den verminderten Flächenbeständen anzupassen ist. Durch den geringeren internen Ressourcen Aufwand sind auf Seite des Kunden nur noch wenige Personalkosten zu verzeichnen.

Bezüglich der positiv bewerteten Effektivität wird davon ausgegangen, dass ein DL einen Qualitätsstandard in alle seine übernommenen Services einführt. Dies wird mit der Meinung von Werner Kreilinger von der M.O.C.O.O.N. belegt, der meint, dass es sich bei einem Komplett-DL um eine stärkere Position auf Grund der einheitlichen Standards für Prozesse und Qualitätssicherung handelt.[58]

Es besteht dennoch keine Sicherheit, dass durch den DL die entsprechende Qualität erbracht wird. Zusätzlich hängt es stark von dem Vergabe- und Ausschreibungsmodell ab. Letztendlich geht es später in der Umsetzungsphase um die Stringenz der nachgelagerten Steuerungs- und Controlling Prozesse, Dieser Prozess wird im letzten Kapitel detailliert erläutert.

Abschließend ist bei diesem Ansatz der Zusammenarbeit mit nur einem einzigen DL der Aspekt der Anhängigkeit nicht zu unterschätzen. Bei Verfolgung des ganzheitlichen FEE-Prinzips kann jedoch mit diesem Risiko umgegangen werden und nimmt daher keinen Einzug in die Bewertung.

5.2.4 Verrechnungsmodell

Folgende Behauptung wird hier untersucht: *Die Flexibilität wird geschaffen, indem die Leistungen und Qualitäten veränderbar sein und den Anforderungen des Corporates angepasst werden können und trotzdem eine Sicherheit über die Gesamtsumme der Kosten besteht.*
Die Abbildung 17 zeigt wie unterschiedlich die aktuellen Modelle sind. Die Bewertung der

---

[56] Dies wird auch als Key Account Management (KAM) bezeichnet.
[57] Vgl. Berater der FM Branche, 2011 Mai, S. 11
[58] Vgl. Berater der FM Branche, 2011 Mai, S. 10

Effizienz ist bei dem Verrechnungsmodell das wichtigste Analyse Kriterium. Die vorher, über die gesamten Entscheidungskategorien, festgelegten Unterkriterien der Flexibilität und Effektivität sind hier irrelevant.

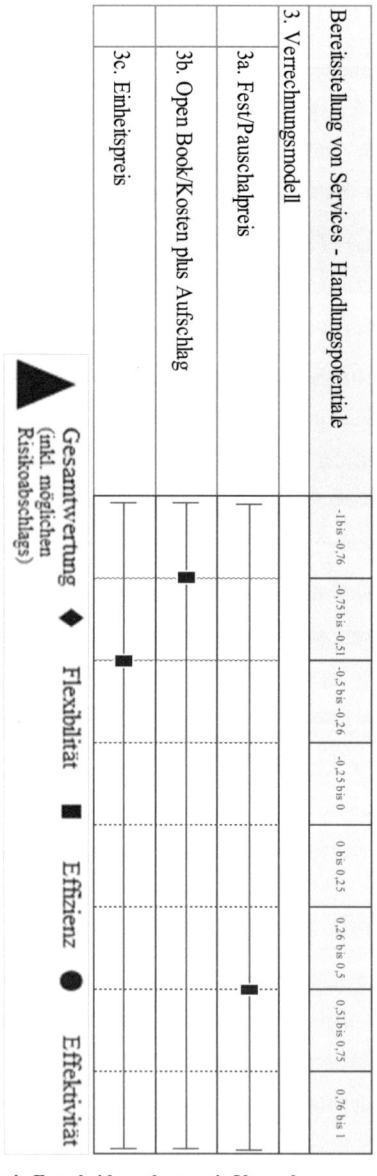

Abbildung 17: Bewertungsmatrix Entscheidungskategorie Verrechnungsmodell
Quelle: Eigene Darstellung

3a:Fest-/ Pauschalpreis

Nach DIN 15221-2 ist bei der Vereinbarung eines Pauschalpreises der DL voll für die Leistung und Qualität der vereinbarten Facility Services zu einem festgelegten Gesamtbetrag verantwortlich.[59] Gondring erklärt, dass keine zusätzlichen Entgeltforderungen bestehen können und somit Mehr- oder Minderleistungen im Gesamtpreis unberücksichtigt bleiben.[60]

Der große Vorteil von dieser Variante liegt in dem fest kalkulierbaren Budget. Gleichzeitig ist nur ein FTE Aufwand nötig, um die Kosten zu verwalten. Jedoch wird der Preis höher sein, weil die DL versuchen, die Ungewissheit über die nachträglichen Leistungen mit in den Festpreis einzupreisen. Wenn es dennoch zu viel höheren Kosten seitens des DL kommt kann das Risiko bestehen, dass dieser DL in die Minderleistung abrutscht und dies zu unzufrieden-stellender Qualitätslieferung führt. Ohne weitere Vereinbarungen wird dieses Modell zu heutiger Zeit nicht mehr umsetzbar sein.

3b:Open Book/ Kosten plus Aufschlag

Nach DIN 15221-2 ist der DL bei der Vereinbarung von dem Verrechnungsmodell- *Kosten plus Aufschlag* ist der DL voll für die Leistung und Qualität zu tatsächlichen Kosten zuzüglich eines Aufschlags (Marge des DL) für die vereinbarten Facility Services verantwortlich. Die tatsächlichen Kosten müssen dem Auftraggeber evident gemacht werden.[61] Auch Gondring hat sich dazu geäußert, und meint, dass über alle getroffenen Vereinbarungen die Kosten offen darzulegen sind und dass zusätzliche Leistungen immer vorher abzuklären und separat in Rechnung zu stellen sind.[62]

Daraus ergibt sich der klare Nachteil für die nicht vorhandene Effizienz. Solange nicht alle zukünftig möglichen anfallenden Leistungen vorab vereinbart wurden und hierfür kein Preis vorab festgelegt wurde kommt es zu immens hohen nachträglich verrechneten Kosten auf Seite des Kunden. Hinzu kommt, dass dieser einen hohen internen Personalaufwand zu verzeichnen hat, um die einzelnen Rechnungen zu prüfen und frei zu geben.

In Verbindung mit einem Leistungsverzeichnis und der leistungsorientierten Vergabe führt es oftmals zu einem komplexen Nachtrags- und Claimmanagement, da im seltenen Fall alle zukünftigen Leistungen vorab festgehalten werden können.

---

[59] Vgl. EN 15221-2
[60] Vgl. Gondring, H.; Wagner, T., 2012, S. 432; Weitere Erklärung auch in Najork, 2009,S. 84.
[61] Vgl. EN 15221-2
[62] Vgl. Gondring, H.; Wagner, T., 2012, S. 432; Weitere Erklärung auch in Najork, 2009,S. 84.

3c: Einheitspreis

Nach DIN 15221-2 ist der DL bei der Vereinbarung des Einheitspreises voll für die Leistung und Qualität der vereinbarten Menge eines Facility Services zu einem festgelegten Einheitspreis innerhalb einer vereinbarten Bandbreite verantwortlich.

Hierbei gilt exakt die gleiche Argumentationsreihe der Variante 3b-Open Book, bis auf den Unterschied, dass die Preise für nachträgliche Leistungen schon direkt vorab festgehalten wurden und es die negative Gesamtbewertung etwas abfedert.

Nach der ausführlichen Analyse der drei literarisch bekannten Modelle lässt sich der Entschluss fassen, dass keine der Varianten die Behauptung umsetzbar erscheinen lässt. Und sie daher weder bestätigt noch widerlegt werden kann. Bei der Recherche ließ sich feststellen, dass die Kosten und Preise jeweils mit verschiedenen Angeboten seitens des Dienstleisters als Modelle angeboten werden oder es die Berater sind, welche ein komplexes Verrechnungsmodell für die jeweiligen Wünsche der Corporates entwickeln und mit in die Ausschreibung einbringen.

Es steht fest dass die Preismodelle nicht nur isoliert betrachtet werden dürfen sondern hierbei die jeweiligen Vergabemodelle berücksichtigt werden müssen.

Ebenfalls macht es Sinn die verschiedenen Anreizmodelle mit in Betracht zu ziehen, welche auf Grund der Komplexität der Variantenvielfalt in dieser Untersuchung außen vor gelassen wurden.

Im Zuge des Verrechnungsmodells ist die Erwähnung der verschiedenen vertraglich zu vereinbarenden zusätzlichen Begriffsdefinitionen nach DIN EN 15221-2 von Nöten (siehe Tabelle 10).

Festpreis	Garantierter Höchstpreis	Variabler Preis
Für bestimmte Zeit festgesetzt	Auf diesen begrenzt	Mit vereinbarten variablen Kriterien ermittelt/ angepasst

Tabelle 10: Gegenüberstellung Festpreis, Garantierter Höchstpreis und Variabler Preis
Quelle: Eigene Darstellung in Anlehnung an DIN EN 15221-2

Fest steht, dass die Überlegungen innerhalb dieser Entscheidungskategorie ausführlich angestellt werden müssen. Außerdem gibt es nach Hellerforth viele Probleme bei der Budgetierung.[63]

---

[63] Vgl. Hellerforth, 2004, S. 286f

5.2.5 Vergabemodell

Nur wenn dem DL mehr als die einfache Ausführung der Services übertragen wird und er neben der Verantwortungsübernahme auch effizient wirtschaftet, rückt der Servicegedanke ganz in den Vordergrund und kann somit die Flexibilität anbieten, welche den AG Ansprüchen gerecht wird. Außerdem steht hinter der Flexibilität ebenso die dauerhafte Ressource, ständig Qualität zu verbessern und Innovation mit einzubringen sowie voran zu treiben. Um diese Behauptung zu prüfen stehen sich die Paketvergabe und die Systemvergabe gegenüber.

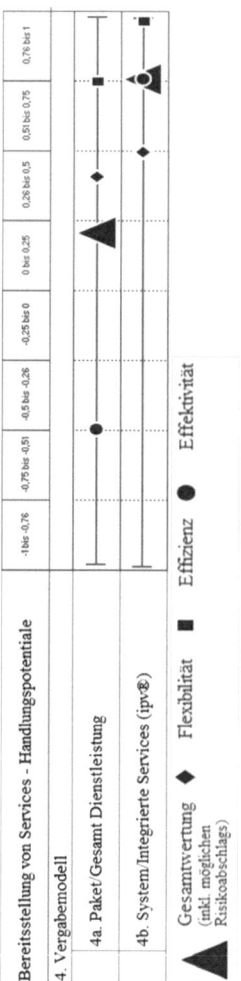

Abbildung 18: Bewertungsmatrix Entscheidungskategorie Vergabemodell
Quelle: Eigene Darstellung

4a: Paket- / Gesamtdienstleistung

Nach Lünendonk erwirbt der Kunde hierbei mehrere Dienstleistungen aus einer Hand, so genannte Paketlösungen.[64] Es handelt sich hierbei um das auf mehrere Gewerke übergreifende Facility Management. Wie es der Fachexperte auch formuliert, ist es das Modell bei dem der DL mehrere Services unter sich koordiniert liefert[65]. Nach GEFMA 700 unter dem Punkt 4.4.4 Paket-Dienstleistung wird hier bereits die Betreiberverantwortung an den DL übertragen, außerdem auch die Managementleistungen, wie Planung, Steuerung, Koordinierung und Überwachung der Einzeldienstleistungen.

In der Bewertungsmatrix (siehe Abbildung 18) zeigt sich, dass die Effizienz bei dieser Untersuchung federführend ist. Es ist zwar eine hohe Flexibilität erreichbar, aber nicht die höchste. Mit einem Gesamtwert von 0,21 von 1 liegt die Variante 4a-Paketvergabe weit hinter der Variante 4b.

Dies liegt vor allem an der schlechten Effektivität. Die Sicherung der entsprechend geforderten Qualitätslieferung fehlt. Wobei es sich nach Johannis bei diesem Vergabemodell um einen Paradigmenwechsel vom ausführenden DL zum individuellen und verantwortlichen Problemlöser handelt. Es wird hierbei das Innovationsdenken gefördert und die Betreiberverantwortung übertragen.[66]

Es besteht lediglich die Möglichkeit mit dem einen DL, auf Grund des großen beauftragten Servicevolumens, eine individuelle Leistungserbringung zu vereinbaren. Die Basis kann mit dem richtigen Vergabemodell geschaffen werden und Potentiale werden erst mit der Ausschreibungsmethode und dem -verfahren gehoben.

Die Effizienz erreicht drei Viertel der zu erreichenden Gesamtpunkzahl (siehe Abbildung 18). Zum einen ergibt sich im CREM der geringste mögliche Personaleinsatz, da die Abstimmungsprozesse minimiert und beschleunigt sowie die Schnittstellen, auf Grund der engeren Zusammenarbeit zwischen Kunde und Dienstleister, reduziert werden können.[67]

Auch Markus Messerschmidt, Geschäftsführer der Makon, bestätigt dies mit seiner Aussage, dass eine Reduzierung von auftraggeberseitigem Verwaltungsaufwand damit verbunden ist. Zusätzlich behauptet er, dass Komplettvergaben nachhaltige und wirtschaftlich optimierte Ergebnisse zeigen.[68]

---

[64] Vgl. Lünendonk, 2012, S. 8
[65] Vgl. Experteninterview XY, am 30.5.13 11Uhr
[66] Vgl. Johannis, 2012, S. 353
[67] Vgl. Lünendonk, 2012, S. 8
[68] Vgl. Berater der FM Branche, 2011 Mai, S. 12

Wobei sich dies vor allem durch den geringeren internen Personalaufwand bemerkbar macht. Das meint auch Armin Dörflinger von der cg munich, indem er darauf hinweist, dass sich diese Optimierung weniger in den Kosten der Facility Services erkennen lässt, da diese meist zu ähnlichen Konditionen angeboten werden, sondern vielmehr in den Steuerungskosten, da hier interne Vollkosten für einen Objektleiter gegen die angebotenen Marktpreise stehen.[69]

Alle Unterkriterien der Flexibilität werden auch so bewertet und argumentiert wie bei der Handlungsmöglichkeit 2b- Vergabe an einen Dienstleister.

Abschließend der Verweis der GEFMA 700, dass sich das einzelne Herauslösen von wesentlichen Einzel-Dienstleistungen aus dem Paket stark in der Gesamteffizienz bemerkbar machen würde, sodass im Prinzip die bereits vorher aufgedeckte Abhängigkeit von einem DL noch mal durch dieses Argument bestärkt wird.[70]

Gerade für die Umsetzung ist die aktuelle Marktreife auch ein wichtiger Aspekt, welcher nicht außer Acht gelassen werden sollte. Nach der Lünendonk Studie 2012 ist der Markt stellenweise für die Paketvergabe ausgereift und wird sich noch weiter entwickeln, denn 50% der befragten Unternehmen in der Lünendonk Studie meinen, dass integrierte Services für sie der Weg der Zukunft ist.[71]

4b: System/ Integrierte Services (ipv®)

Der kleine aber dennoch stark gewichtete Unterschied bei der Systemvergabe liegt in der integrierten Prozessverantwortung.[72] Damit sind die integrierten Managementleistungen von Sekundärprozessen gemeint. Es wird daher auch als prozessorientierte Funktionalvergabe bezeichnet. Nach GEFMA 700 unter Pkt. 4.4.5 wird nicht nur die Betreiberverantwortung übertragen, sondern auch die maximal mögliche Verantwortung mit allen technischen, wirtschaftlichen und rechtlichen Aspekten.[73] Außerdem übernimmt ähnlich wie bei der Paketvergabe der DL selbst die Planung, Steuerung, Koordinierung und Überwachung der Einzeldienstleistungen.

---

[69] Vgl. Berater der FM Branche, 2011 Mai, S. 10
[70] Vgl. GEFMA 700, 2005-04
[71] Vgl. Lünendonk, 2012, S. 12; Es sind auch einige Referenzprojekte auf den Seiten 20-39 von den Dienstleistern: Dr. Sasse, Famis, Hochtief, HSG Zander und Piepenbrock nachzulesen.
[72] Im Anhang kann zur Ergänzung die dreiteilige Pyramide der Richtlinie GEFMA 700 nachgeschlagen werden.
[73] Vgl. GEFMA 700, 2005-04, S.4

Nach XY ist dies das einzige Modell, bei dem der Management-Aspekt auch tatsächlich ausgenutzt wird. Hier wird das Supply Chain Management auch mit in die FM Leistungen mit eingebracht.[74]

Somit konnte auch ein Punkt mehr bei der Erreichung der Flexibilität vergeben werden, sodass dieses Handlungspotential insgesamt mit 0,88 von 1 bewertet wird.

Die Effizienz erreicht bei der Bewertung die volle Punktzahl. Dies lässt sich mit der Aufwandsoptimierung durch die Verantwortungsübertragung, Planbarkeit der Betriebsaufwendungen und maximale Qualitätssicherung in der Umsetzung nach GEFMA 731 S. 3f. erklären.[75]

Außerdem sieht die GEFMA 700 unter Pkt. 4.4.5 bei dem Corporate auch zeitgleich den Abbau von redundanten Ressourcen vor. In Bezug auf die Kosten ist es erwähnenswert, dass es zu geringeren Beträgen der Leistungslieferung durch die enge Verzahnung der Prozesse bei nur einem DL kommt.[76]

Johannis erwähnt zusätzlich die Mengenvorteile (also die "Economies of scale"), welcher sich aus der Vergabe des automatisch großen Auftragsvolumens ergibt.[77]

Zudem lässt sich auch hier ein Argument der GEFMA 700 entnehmen, in der geschrieben steht, dass es auch um die enge Verzahnung von Kern- und Sekundärprozessen geht und so weitere Kostensenkung durch die Effizienzsteigerung möglich ist.[78]

Auch bei der Effektivität steht die Variante 4b besser da und punktet durch die Möglichkeit der passgenauen Ausgestaltung der Services; dies belegt auch Johannis mit seiner Aussage, dass die Unternehmensleitbilder des Kunden leichter zu implementieren sind.[79] Verstärkt wird dies durch den Satz der GEFMA:

„System-Dienstleistungen sind in hohem Maße individuell auf den Kunden und seinen Kernprozess zugeschnitten"[80]

In Bezug auf den Markt ist festzustellen, dass bisher nur die großen Dienstleister die Systemvergabe für sich entdeckt haben und anbieten. Dabei verweist auch Marc Drokur, Leiter Technik bei der RGM und Mitglied im ipv®-Arbeitskreis, auf die derzeitige Mitgliederliste

---

[74] Vgl. Experteninterview XY, am 30.5.13 11Uhr
[75] Vgl. GEFMA 731, 2005-04, S. 3f
[76] Vgl. GEFMA 700, 2005-04, S. 4
[77] Vgl. Johannis, 2012, S. 352f
[78] Vgl. GEFMA 700, 2005-04, S. 4
[79] Vgl. Johannis, 2012, S. 352f
[80] GEFMA 700, 2005-04, S. 4

auf der Homepage hin und erklärt, dass die zertifizierten Mitglieder jährlich neue Aufträge in Form der Systemvergabe als Anwendungsnachweise dem Arbeitskreis vorstellen müssen.[81]

Es lässt sich zusammenfassend festhalten, dass sich die vorangegangene Behauptung eindeutig mit einer ganzen Reihe von Argumenten bestätigt hat und daher die Integrale Prozessverantwortung als Handlungspotential hervorgeht.

5.2.6 Ausschreibungsmethode

Folgende vorangegangenen Entscheidungen sind hier in der Ausschreibungsmethode abzubilden: Es werden alle operativen Services an einen einzigen DL mit einem Festpreis als Systemvergabe gegeben.

Nur wie lässt sich der geeignete DL dafür finden? Hierfür führen die bisherig verwendeten Unterkriterien nicht zu dem geforderten Ergebnis

Im Vordergrund steht jetzt Effektivität. Während der Untersuchung und Zusammenfassung der Entscheidungskategorien in den Kapiteln 5.2.2 bis 5.2.5 haben sich detailliertere Anforderungen an den zukünftigen DL herauskristallisiert. Sodass sich für die Analyse und Bewertung vorab folgende Unterkriterien definieren lassen, welche in diesem Kapitel geprüft werden:

- Konzept mit bestem Gesamtpreises der Services
- Kompetentester Anbieter
- Konzept mit bester individuell angepasster Servicelösung
- Konzept mit geringstem internen Aufwand für die zukünftige Leistungserbringung
- Konzept mit einfachster Lösung für mögliche zukünftige Veränderung des Leistungsumfanges
- Konzept mit kontinuierlicher Verbesserungs- und Steigerung durch Beachtung von Innovation und Trends
- Konzept mit leichtester Absicherung der gewünschten Leistungserbringung und Qualität

Für die Analyse bedarf es vorab der Erinnerung an die bereits aufgestellte Behauptung, in der es hieß, *dass eine sehr offene und wenig beschränkte Methode notwendig ist, um all die aufgelisteten Anforderungen erfüllen zu können.*

---

[81] Vgl. Experteninterview am 13.6.13; siehe für die Mitgliederliste auch http://ipv-denkfabrik.de/mitglieder/

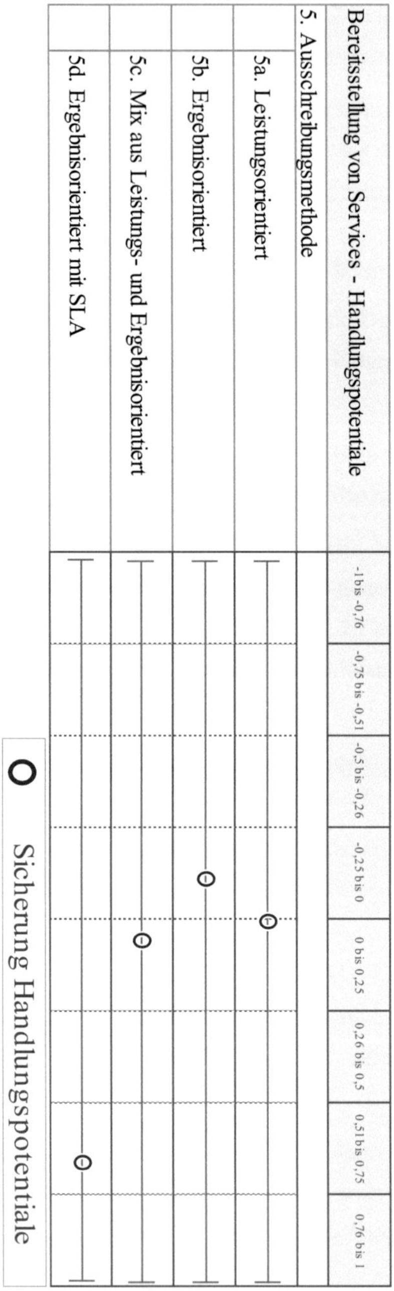

Bereitstellung von Services - Handlungspotentiale	-1 bis -0,76	-0,75 bis -0,51	-0,5 bis -0,26	-0,25 bis 0	0 bis 0,25	0,26 bis 0,5	0,51 bis 0,75	0,76 bis 1
5. Ausschreibungsmethode								
5a. Leistungsorientiert				O				
5b. Ergebnisorientiert			O					
5c. Mix aus Leistungs- und Ergebnisorientiert					O			
5d. Ergebnisorientiert mit SLA							O	

O Sicherung Handlungspotentiale

Abbildung 19: Bewertungsmatrix Entscheidungskategorie Ausschreibungsmethode
Quelle: Eigene Darstellung

Die Bewertungsmatrix aller vier Ausschreibungsmethoden in Abbildung 19 gibt einen ersten Hinweis dafür, dass die Handlungsmöglichkeiten bewusst durchdacht und abgewägt werden müssen, weil es zu den unterschiedlichsten Ergebnissen in der Gesamtbewertung kommt.

Auf Grund der Vielzahl von Handlungsmöglichkeiten sowie Bewertungskriterien werden die Argumente im Detail und in einer Gegenüberstellung in der Abbildung 20 dargestellt.

	a) Leistungsorientiert (0)		b) Ergebnisorientiert (-2)		c) Mix aus Leistungs- und Ergebnisorientiert (1)		d) Ergebnisorientiert mit Service-Level-Agreement (9)	
Konzept mit bestem Gesamtpreises der Services	* Lässt sich nur durch Kalkulation der Einzelpreises nachvollziehen	1	* Der Gesamtpreis kann nicht immer nachvollzogen werden	-1	* Lässt sich nur durch Kalkulation der Einzelpreise nachvollziehen	1	* Somit kann der Bieterzuschlag auf der Qualität, Kompetenz und dem Preis basieren	2
Kompetentester Anbieter	* Kann mit diesem Verfahren leider nicht geprüft werden	-2	* Kann mit diesem Verfahren leider nicht geprüft werden	-2	* Kann mit diesem Verfahren nicht geprüft werden	-2	* Es wird Transparenz und Kompetenz geschaffen	2
Konzept mit bester individuell angepasster Servicelösung	* Zu wenig Flexibilität, da standardisierte Prozesse vor- und fest geschrieben sind. Also Tätigkeit und Zyklen sind vorgegeben aber widerum keine Ergebnisse	-2	* Ein Ideenwettbewerb wird ermöglicht * Diese Ausschreibung ermöglicht eine individuelle Anpassung der Kundenwünsche und fordert den DL auf ein passendes Konzept zu schreiben und nicht den Standardkatalog aufzuschlagen	2	* Zu wenig Flexibilität, da standardisierte Prozesse vor- und fest geschrieben sind, also Tätigkeit und Zyklen vorgegeben aber widerum keine Ergebnisse	-2	* ein Ideenwettbewerb wird ermöglicht * Die Kommunikation zwischen den Verhandlungspartnern wird optimiert	2
Konzept mit geringstem internen Aufwand für die zukünftige Leistungserbringung	* "Der Vorteil dieser Art der Ausschreibung liegt in einem geringeren Aufwand bei den regelmäßigen Kontrollen sowie bei der Durchführung der -Arbeiten, da dem Auftraggeber vorliegt, zu welcher Zeit und in -welchem Rhythmus -gereinigt wird." (Karg, 2013, Zugriff am 29.5.13)	2	Der Koordinationsaufwand und die Verwaltungstätigkeit werden minimiert	2	* "Der Vorteil dieser Art der Ausschreibung liegt in einem geringeren Aufwand bei den regelmäßigen Kontrollen sowie bei dem Durchführung der -Arbeiten, da dem Auftraggeber vorliegt, zu welcher Zeit und in -welchem Rhythmus -gereinigt wird." (Karg, 2013, Zugriff am 29.5.13)	2	* so lässt sich eine bessere Möglichkeit der Kontrolle schaffen (zwecks Umfang, Kosten und Zeit)	1
Konzept mit einfachster Lösung für mögliche zukünftige Veränderung des Leistungsumfanges	* Eine detaillierte Nachtragsprüfung bei möglichen Leistungsänderungen wird mit Hilfe der Einheitspreise erleichtert	2	* "Eine Prüfung der Nachträge sowie eine detaillierte Leistungsverrechnung sind kaum möglich." (Gondring, 2012, S.421)	-2	* Das Leistungsänderungspotenzial ist sehr gering, da bereits vorab auf die benötigte Datentiefe eingegangen wird	-2	* Es kommt drauf an, wie das SLA vereinbart wurde. Nicht bei allen Vereinbarungen ist auch die Veränderung des Leistungsumfangs bedacht	0
Konzept mit kontinuierlicher Verbesserung und Steigerung durch Beachtung von Innovation und Trends	* Geht so gut wie immer unter bei einer solchen Ausschreibung und wenn dann wird nur die allgemeine Möglichkeit des DL aufgezeigt- das kann keine Ausschreibungsmethode absichern	0	* Geht so gut wie immer unter bei einer solchen Ausschreibung und wenn dann wird nur die allgemeine Möglichkeit des DL aufgezeigt- das kann keine Ausschreibungsmethode absichern	0	* Geht so gut wie immer unter bei einer solchen Ausschreibung und wenn dann wird nur die allgemeine Möglichkeit des DL aufgezeigt- das kann keine Ausschreibungsmethode absichern	0	* geht so gut wie immer unter bei einer solchen Ausschreibung und wenn dann wird nur die allgemeine Möglichkeit des DL aufgezeigt- das kann keine Ausschreibungsmethode absichern	0
Konzept mit leichtester Absicherung der gewünschten Leistungserbringung und Qualität	* Die gewünschte Leistungserbringung lässt sich mit Hilfe des umfangreichen Leistungsverzeichnisses kontrollieren, nicht aber die gewünschte Qualität	-1	* Wenn keine genauen Ergebnisdefinitionen mit Hilfe von SLAs und KPIs festgehalten werden oder es das Problem der subjektiven Wahrnehmung und Auslegung. Die Qualitätsmessung ist auch schwierig	-1	* Weil der AG nicht nur die Masse sondern auch die Qualität vorgibt ist die gewünschte Leistungserbringung mehr abgesichert. Es bedarf trotzdem aber noch der Kontrolle und Steuerung	1	* DL und AG definieren gemeinsam die Ergebnisse und Leistungen in dem SLA	2

Abbildung 20: Gegenüberstellung aller vier Ausschreibungsmethoden
Quelle: Eigene Darstellung

5a: Leistungsorientiert

Die Variante Leistungsorientierte Ausschreibung wird nach Gondring auch mit Massenbezogener Ausschreibung[82] bezeichnet und ist so zu verstehen, die Tätigkeiten mit Intervallen und Flächen hinterlegt und durch die Bieter mit Preisen gefüllt werden.[83] Das heißt, dass alle Leistungen in Einzelpreisen ausgewiesen werden. Außerdem werden die Leistungen klar definiert, sodass sie leicht nachvollziehbar und übersichtlich sowie standardisiert und somit gut vergleichbar sind. Es bedarf hierbei einer umfangreichen Bestandsaufnahme durch den AG im Vorfeld, wodurch anfangs ein hoher Aufwand verbucht werden muss und die Ausschreibungskosten ansteigen

5b: Ergebnisorientiert[84]

Nach Gondring auch bezeichnet mit "Funktionaler Ausschreibung"- beschreibt der AG das erwartete Ergebnis der Leistung und es werden i.d.R. keine Einzelpreise ausgewiesen.[85]

Im direkten Vergleich zu der leistungsorientierten Ausschreibung hält Karg fest, dass die ergebnisorientierte Ausschreibung vom AG klar beschriebene Vorgaben voraussetzt. Wie und mit welchem Aufwand der DL diese Vorgaben erreicht ist dem DL überlassen. Solch eine Methode setzt zusätzlich geschultes Personal voraus, welches mit der Arbeit mit Service-Levels vertraut ist und den jeweils geforderten Einsatz abschätzen kann.[86]

Zudem betont Gondring, dass diese Handlungsmöglichkeit mit einem geringen Erfassungs-aufwand und geringen Ausschreibungskosten verbunden ist, die individuellen Angebote aber auch schwer vergleichbar[87] sind und ein mögliches Kalkulationsrisiko vollständig auf den DL abgewälzt wird.[88]

Des Weiteren sind die formulierten Ergebnisse meist sehr subjektiv, sodass es zu einer anderen Auffassung bei DL und Auftraggeber kommen kann.

Bei Beobachtung des aktuellen Geschehens auf dem Markt ist festzustellen, dass dieser derzeit noch wenig Erfahrung mit ergebnisorientierter Ausschreibung hat.

---

[82] Vgl. Gondring, H.; Wagner, T., 2012, S. 421; auch bezeichnet als Funktionalvergabe oder in Österreich als Verrichtungsorientiert
[83] Vgl. Karg, Florian- Consultant bei Intep, 2013, Zugriff am 29.5.13
[84] Neben den notwendigen Argumenten in der Gegenüberstellung existieren bereits weitere Kenntnisse und Beurteilungen über die Methode.
[85] Vgl. Gondring, H.; Wagner, T., 2012, S. 421
[86] Vgl. Karg, Florian- Consultant bei Intep, 2013, Zugriff am 29.5.13
[87] Im Sinne der verschiedenen Kosten und Qualitäten der einzelnen Anbieter auf Grund fehlender konkreter Leistungsbeschreibung.
[88] Vgl. Gondring, H.; Wagner, T., 2012, S. 421

5c: Mix aus Leistungs- und Ergebnisorientiert

Diese Variante wird gemäß Gondring als eine massenbezogene funktionale Ausschreibung bezeichnet, bei der die Quantität und Qualität der Leistungserbringung funktional beschrieben werden.[89] Gondring konkretisiert, dass diese Methode ein optimales Kosten-Nutzen Verhältnis ermöglicht, es aber gleichzeitig mit einem sehr hohen Aufwand verbunden ist, der unter Einsatz eines CAFM-Systems reduziert werden kann.[90] Abschließend lässt sich subsumieren, dass dem DL insgesamt zu wenig Spielraum gelassen und er zu stark kontrolliert wird, mit der Konsequenz, dass nicht das komplette Know-how des DL abgegriffen und er nicht durchweg auf seine Kompetenz geprüft werden kann.

5d: Ergebnisorientiert mit SLA

Das Service Level Agreement (SLA) ist eine Vereinbarung zwischen AG und DL über die Mindestqualität der zu erbringenden Leistungen.[91] Der Fokus liegt hierbei auf einem einheitlichen Qualitätsverständnis und nicht auf der bestmöglichen Leistung.[92] Der DL gibt nicht einzelne Preise bekannt, sondern Gütestufen (Levels). Sodass durch diese Kombination die Nachteile der reinen ergebnisorientierten Ausschreibung eliminiert werden. Auch bei dieser Variante gilt die vorherrschende Marktunreife, wie unter 5b vorgestellt.

Gegenüberstellung der Ausschreibungsmethoden

Die Abbildung 20 lässt ein eindeutiges Handlungspotential erkennen - die ergebnisorientierte Ausschreibung mit Service-Level-Agreements erreicht 9 von möglichen 14 Punkten und liegt somit mit einem Faktor 0,64 von 1 weit vor den anderen Varianten.

Nur die ergebnisorientierte Ausschreibung ermöglicht es, den kompetentesten Anbieter direkt ausfindig zu machen. Denn diese Variante kann den wesentlichen Punkt der Unterkriterien abbilden, und zwar die Findung des Konzeptes mit bester individuell angepasster Servicelösung für den AG. Dies ist bei 5b und 5d möglich.

Gründe hierfür liegen in dem möglichen Ideenwettbewerb und der Aufforderung des Bieters zur Abgabe eines passenden Konzepts, welches sich nicht mit dem Standardkatalog anfertigen lässt. Dies bestätigt auch die Formulierung der GEFMA Richtlinie 960, welche die Aus-

---

[89] Welches als Grundlage für die Kalkulation und Leistungsabrechnung dient.
[90] Vgl. Gondring, H.; Wagner, T., 2012, S. 421
[91] Zum Beispiel Verfügbarkeitsgrad von Anlagen, Präsenzzeiten des Sicherheitsdienstes etc.
[92] Vgl. Gondring, H.; Wagner, T., 2012, S. 422

schreibungsmethode nicht direkt von dem Verfahren getrennt betrachtet. Dabei gibt sie an, dass die größtmögliche Erfassung von Erfahrung und Know-how des anbietenden Unternehmens bereits in der Ausschreibungsphase möglich ist.[93]

Ein weiterer wesentlicher Aspekt ist die Sicherstellung des Konzepts mit leichtester Absicherung der gewünschten Leistungserbringung und Qualität. Und dies lässt nur die Variante 5b zu, indem der DL und AG gemeinsam die Ergebnisse und Leistungen in dem SLA definieren.

Die Behauptung bestätigt sich auch bei Entscheidungskategorie. Es wurde bereits eine Ausschreibungsmethode mit der Variante 5d- Ergebnisorientiert mit SLA, welche so gut wie alle vorab festgelegten Anforderungen erfüllt, entwickelt und in der heutigen Wissenschaft abgebildet.

5.2.7 Ausschreibungsverfahren

Diese wichtigen Entscheidungen innerhalb der Kategorie Ausschreibungsverfahren wurden bisher selten wissenschaftlich analysiert und veröffentlicht.

Es macht den Anschein, dass diese auch sehr wichtige Entscheidungskategorie vor allem externen Beratern überlassen wird. Dadurch wirkt es so, als ob der große Einfluss auf den späteren Erfolg oder Misserfolg der Zusammenarbeit mit dem DL hierbei noch nicht erkannt ist. Auch die Beratungsgesellschaft Deloitte macht in ihrem Newsletter von 2009 darauf aufmerksam, dass die Ausschreibung selbst sehr oft den Ton für die spätere Beziehung zwischen dem CREM und DL angibt.[94]

In der Behauptung aus dem Kapitel 4.1 geht es darum, *ein geeignetes Verfahren zu wählen, welches dem AG und auch dem DL in der Ausschreibung die Möglichkeit bietet, ihre beiderseitigen Fragen zu klären und ein Gefühl für die mögliche Geschäftsbeziehung zu entwickeln.*

Außerdem wird auch mehr Freiraum benötigt, wie bereits bei der Analyse der Ausschreibungsmethode herausgefunden, um den Einsatz der Kundenorientierung und des Know-hows des Anbieters zu fördern und ihn zu kreativen Denkanstößen anzuregen.[95]

Nicht jedes Verfahren lässt sich auch auf die gewählte Methode anwenden. Dies wird auch bestätigt durch die Aussage in der Präambel der GEFMA Richtlinie 960, welche wie folgt lautet:

---

[93] Vgl. GEFMA 960, 2005-04, 3. Auflage, S. 4
[94] Vgl. übersetzt Deloitte, 2009, Zugriff am 10.6.13
[95] Dies gilt gerade in Bezug auf das Anbieten einer individuellen und passgenauen Servicelösung für den Kunden.

„Unabhängig von der Größenordnung der angestrebten Arbeitsteilung (ob bundes-
weit verteilte Liegenschaften oder nur ein Objekt) oder von der Tiefe der Zusammen-
arbeit (ob Teilbereiche oder sämtliche mit der Immobilie und den Liegenschaften
verbundenen Aufgaben) sind mit der traditionell üblichen Vergabe nach Leistungs-
verzeichnis solche arbeitsteiligen und partnerschaftlichen Prozesse dem Anbieter
nicht zu vermitteln und im Wettbewerb der Anbieter nicht zu vergleichen."[96]

Die GEFMA hat aus diesem Grund ein Ausschreibungsverfahren für die System-Vergabe definiert. Diese wurde in Anlehnung an die VOB/VOL[97] und GWB erstellt. Demnach wird bei der Analyse dieser Entscheidungskategorie nur eine Handlungsmöglichkeit vorgestellt und untersucht.

Das ausgewählte Verfahren der System-Vergabe wird darauf untersucht, ob sich die Umsetzbarkeit der vorher in den Kapiteln 5.2.1 bis 5.2.6 eruierten Handlungspotentiale prüfen lässt. Demnach sind folgende Unterkriterien für die Analyse aufgestellt:

- Prüfung ob Anbieter individuell auf den Kunden eingeht
- Prüfung ob Anbieter und Kunde das gleiche Leistungsbild sowie die gleiche Qualität verstehen
- Prüfung ob der Anbieter wirtschaftlich und inhaltlich im Stande ist die Integrale Prozessverantwortung zu übernehmen
- Prüfung ob sich Sympathie zwischen Anbieter und Kunde ergibt
- Prüfung ob zwischen Anbieter und Kunden eine Vertrauensbasis entsteht
- Prüfung ob Anbieter Verlässlich erscheint

Die Privatträger der FM Branche sind bei der Vergabe zwar an keine Gesetzesvorlage gebunden. Die meisten deutschen Ausschreibungen basieren aber dennoch auf der VOB. Die ausführliche Auflistung aller Rechtsquellen des Vergaberechts können bei Najork im Buch *Rechtshandbuch Facility Management* nachgelesen werden und wird daher nicht weiter ausgeführt.

Nach Ferber gibt es folgende vier Vergabeverfahren: offenes Verfahren, nicht offenes Verfahren, Verhandlungsverfahren und wettbewerblicher Dialog.[98] Auch die einzuhaltenden Fristen werden gesetzlich geregelt und können auch bei der FM Vergabe beachtet werden.

---

[96] GEFMA 960, 2005-04, 3. Auflage, S. 4
[97] VOB gilt für Nationale Ausschreibungen und VOL für Internationale Ausschreibungen. Nach Najork, E.N.; unter Mitarbeit von Gabriel, N.; et al, 2009, S. 29
[98] Vgl. Ferber, 2012, S.35-56; ebenfalls nachzulesen unter Najork, E.N.; unter Mitarbeit von Gabriel, N.; et al, 2009, S. 34-53; Bei Nationalen Ausschreibung gelten die Bezeichnungen: Öffentliche Ausschreibung, Beschränkte Ausschreibung und Freihändige Vergabe (siehe S. 34). Der Wettbewerbliche Dialog kann oberhalb der Schwellenwerte verwendet werden (siehe S.38).

Ferber hat diese in seinem Buch *Praxisratgeber Vergaberecht Fristen im Vergabeverfahren* ausführlich spezifiziert. Dies wird auf Grund des fokussierten Rahmens dieser Arbeit nicht weiter ausgeführt und kann separat nachgeschlagen werden.

Nach Aussage des Fachexperten gibt es in der VOB/VOL keine Einschränkungen, welche Methoden (leistungs- und ergebnisorientiert etc.) anzuwenden sind.[99]

Nachfolgend wird der, in der GEFMA Richtlinie 960 beschriebene, Verfahrensablauf mit den dazu gehörigen Aufgaben grafisch dargestellt (siehe Abbildung 21).

Durch Vergleich mit dem Ablauf von der VOB lässt sich feststellen, dass beide Verfahren den gleichen Verfahrensablauf beinhalten. Dies lässt darauf schließen, dass es bisher keine veröffentlichte Anpassung des Ausschreibungsverfahrens an die jeweilige Ausschreibungsmethode gibt. Lediglich die Aufgaben verändern sich innerhalb der einzelnen Verfahren.

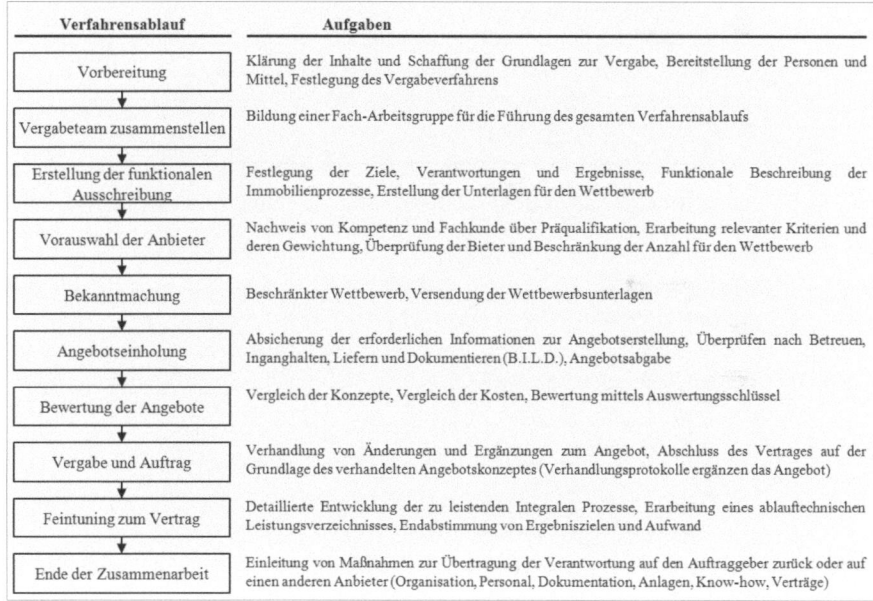

Abbildung 21: Verfahrensablauf und Aufgaben in einer Ergebnisorientierten/Funktionalvergabe
Quelle: Eigene Darstellung in Anlehnung an GEFMA 960, S.17

In Bezug auf die Facility Management Ausschreibung verwendet Gondring auch zwei Begriffe, welche immer mehr im Sprachgebrauch der Branche vorzufinden sind:

---

[99] Vgl. Experteninterview XY, 2013, am 30.5.13, 11Uhr

- Phasen Request for Interest (RFI)

- Request for Proposal (RFP)

Im RFI wird geklärt und untersucht, ob der Anbieter überhaupt ein Interesse zur Angebotsabgabe hat und ob er auch in der Lage dazu ist. Den RFP stellt er mit der folgenden Aufgabeliste dar:

- schriftliche Angebotsdarlegung

- Angebotspräsentation

- Auswertung und abschließende Verhandlungen

Demnach ist die Phasenzuordnung zu dem Verfahrensablauf der GEFMA wie in

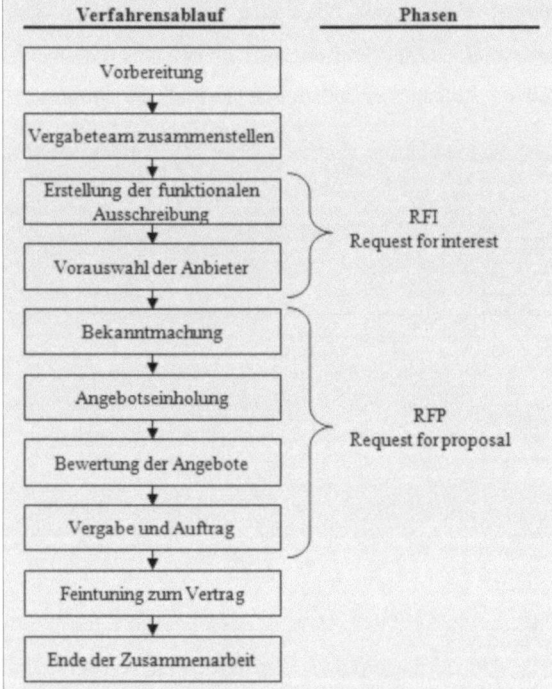

Abbildung 22 dargestellt. Diese Zuordnung ist für die weitere Analyse von Bedeutung. Es wird nachfolgend nur von den Phasen RFI und RFP gesprochen.

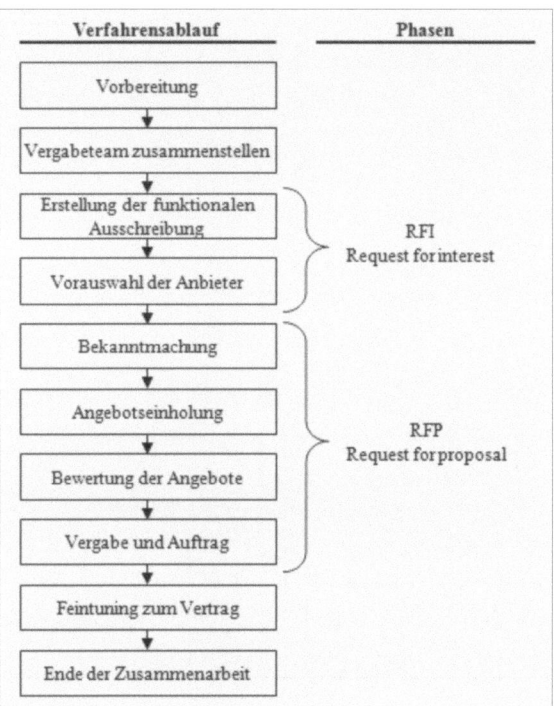

Abbildung 22: Die Phasen der Ausschreibung nach Gondring
Quelle: Eigene graphische Darstellung nach Gondring, H.; Wagner, T., 2012, S. 427-429

Bei dem Ausschreibungsverfahren gilt es nicht nur, das Einholen von Angeboten zu organisieren und den Besten herauszufiltern, sondern auch, den DL auf verschiedene Aspekte hin sehr sorgfältig zu prüfen und ihn bereits vorab sehr intensiv kennenzulernen. Dieser Ausschreibungsprozess ist vor allem eine gewissenshafte Vorbereitung auf eine langjährige Vertragsbindung und -Partnerschaft.

In der folgenden Analyse geht es um die Prüfung auf Erreichung aller vorher definierten Anforderungen. Die Punkte werden hierbei, wie auch unter Punkt 5.2.5 nicht mehr nach dem FEE-Prinzip vergeben. Es gibt hingegen nur die eine Effektivitätszahl, welche eine Aussage darüber trifft, ob das Unterkriterium mit dieser Variante des Ausschreibungsverfahrens erreicht werden kann (siehe Abbildung 24).

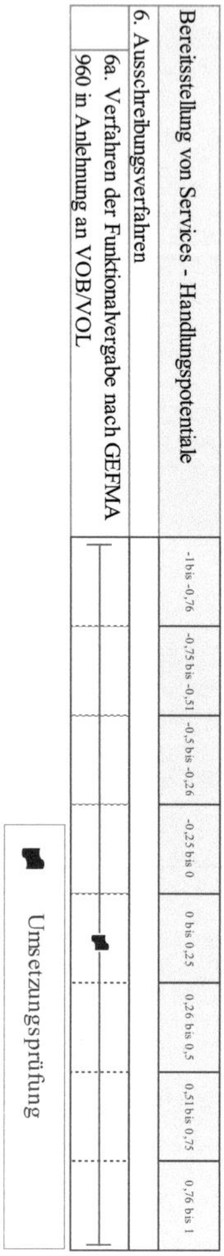

Bereitstellung von Services - Handlungspotentiale	-1 bis -0,76	-0,75 bis -0,51	-0,5 bis -0,26	-0,25 bis 0	0 bis 0,25	0,26 bis 0,5	0,51 bis 0,75	0,76 bis 1
6. Ausschreibungsverfahren								
6a. Verfahren der Funktionalvergabe nach GEFMA 960 in Anlehnung an VOB/VOL								

Umsetzungsprüfung

Abbildung 23: Bewertungsmatrix Entscheidungskategorie Ausschreibungsverfahren
Quelle: Eigene Darstellung

Demnach ist hierbei auch die gesamte Argumentationsreihe der Analyse abgebildet, da jedes einzelne Unterkriterium entscheidend ist (siehe Abbildung 24).

	a) Verfahren der Funktionalvergabe nach GEFMA 960 in Anlehnung an VOB	
		3
Prüfung ob Anbieter individuell auf den Kunden eingeht	* Es kann möglich sein, dass der Anbieter individuell auf den Kunden eingeht, weil bei der Erstellung der funktionalen Ausschreibung die Ziele, Verantwortungen und Ergebnisse bereits vorab vom Kunden formuliert werden und dem DL für den Wettbewerb zugestellt werden, jedoch wird es nicht direkt geprüft	1
Prüfung ob Anbieter und Kunde das gleiche Leistungsbild sowie die gleiche Qualität verstehen	* Durch die Funktionale Beschreibung im RFI und die Überprüfung durch die B.I.L.D. Methode (d.h. Betreuen, Inganghalten, Liefern und Dokumentieren) im RFP sollte dies gesichert sein (FEMA 960), außerdem wird der DL dazu verpflichtet nach seinem ersten Grobkonzept nach Vertragsabschluss ein Feinkonzept durch Erarbeitung eines ablauftechnischen Leistungsverzeichnisses zu erstellen	2
Prüfung ob der Anbieter wirtschaftlich und inhaltlich im Stande ist die Integrale Prozessverantwortung zu übernehmen	* Bei der Vorauswahl im RFI werden Nachweise von Kompetenz und Fachkunde über Präqualifikation eingeholt * Jedoch werden wirtschaftlich weniger tiefgreifenden Prüfungen vorgenommen, d.h. nur Allgemeine Unternehmensprüfung aber nicht speziell auf den Auftrag bezogen * Es wird lediglich nach GEFMA 960 eine Probezeit eingeräumt falls der DL in seinem Grobkonzept eine unwirtschaftliche Kalkulation erstellt hat und dies dazu führt, dass er nicht mehr angebotenen Gesamtpreises einhalten kann	1
Prüfung ob sich Sympatie zwischen Anbieter und Kunde ergibt	* Eine erste Sympathie kann entstehen aber keine nachhaltige und zukunftsbauende für eine gemeinsame Geschäftsbeziehung, dazu sind mehr als die wenigen gemeinsamen Termine notwendig	-1
Prüfung ob zwischen Anbieter und Kunden eine Vertrauensbasis entsteht	* Zwar wird dies in den ersten Sätzen des Leitfadens der GEFMA 960 beschrieben mit: "(…) Dabei setzen sie sich aktiv mit den Anforderungen des Marktes nach messbaren Kriterien für Zufriedenheit, Qualität und Vertrauen in das Leistungsangebot des Dienstleisters auseinander." Der Leitfaden für das Verfahren macht nicht den Anschein, als wenn dies ein bestimmter Programmpunkt fördern würde	-1
Prüfung ob Anbieter Verlässlich erscheint	* Dies ist teilweise auch mit den wenigen gemeinsamen Terminen möglich * es lassen sich im Hintergrund Referenzen prüfen und direkt kontaktieren, Unterlagen und Termine sind verlässlich einzuhalten und die Vollständigkeit der Bieterunterlagen lässt auf eine gewisse Verlässlichkeit schließen	1

Abbildung 24: Analyse und Bewertung des etablierten Ausschreibungsverfahrens
Quelle: Eigene Darstellung

Bei Betrachtung der obigen Bewertung fällt auf, dass bei Weitem nicht alle Punkte erreicht wurden, die erreicht hätten werden können.

Die oberen Punkte der Prüfungen, wie zum Beispiel gleiches Leistungsbild sowie Qualität, können zu vollster Zufriedenheit durchgeführt werden, indem die Funktionalbeschreibung im RFI und die ausführliche Überprüfung, nach der B.I.L.D.[100] Methode, im RFP durchgeführt wird.

Danach werden Wünsche bei der wirtschaftlichen Prüfung des Anbieters und passgenauen Angebotsdarlegung offen gelassen.

Die Prüfung der Sympathie und Vertrauensbasis wird oftmals von Corporates vernachlässigt. Auch bei diesem Verfahren ist sie nicht möglich und wird mit -1 bewertet.

Es zeigt sich, dass dieses Verfahren nicht durchweg den vorher formulierten Ansprüchen gerecht wird. Dies hat nichts mit der praktischen Verwendbarkeit für jede andere ergebnisorientierte Ausschreibung zu tun, sondern mit der notwendigen Flexibilität beim Outsourcing und daher auch der unterstützenden Befähigung dieser durch die Ausschreibungsmethode und das -verfahren.

Was hier fehlt ist ein weiterer Ansatz. Diesen wenden vereinzelt Berater bei der Begleitung einer komplexen Funktionalvergabe eines Corporates teilweise schon an, zumindest gibt es zum Beispiel die Beratungsgesellschaft XY, die je nach Ausschreibungsanforderung den wettbewerbliche Dialog als Verfahren wählen, um genau die Mankos von der üblichen Verfahrensweise zu eliminieren.[101] Das ist bereits eine bewährte Praxismethode bei vielen PPP Projekten, die meist eine Laufzeit von über 20-25 Jahre Laufzeit haben.[102]

Dabei geht es darum, sich einem gewollten Ergebnis immer weiter durch den gegenseitigen Austausch und die intensive Diskussion anzunähern und somit gemeinsam zu einer Lösung zu finden.

Dabei entstehen genau die Aspekte, welche bei dem vorher aufgezeigten Verfahren noch nicht möglich waren- eine Vertrauensbasis sowie gewisse Sympathie und vor allem wird die zukünftige Partnerschaft auf den Prüfstand gestellt.

---

[100] B.I.L.D. Methode stellt die Gruppierung aller Teilprozesse der Immobilienbewirtschaftung dar. Nachzulesen unter GEFMA 960, S. 28f. sowie Odin, Dr.-Ing. Sigrid, 2010 S.13f.
[101] Vgl. Experteninterview mit einem FM Berater, am 13.3.13
[102] Siehe dazu auch PPP im Hochbau- Vergaberechtsleitfaden, 2007, S. 28ff. http://www.bbsr.bund.de/BBSR/ DE/Bauwesen/BauwirtschaftBauqualitaet/WU-PPP/Downloads/DL_vergaberechtsleitfaden_ppp_hochbau.pdf? __blob=publicationFile&v=2

5.3 Zusammenfassung

In diesem Kapitel werden die in der Analyse aufgedeckten Handlungspotentiale kurz zusammengefasst.

Angefangen bei der Flächenbereitstellung, lässt sich festhalten, dass sich bei einem reinen Mietflächenbestand für Büroflächen zwar einige Punkte für die Flexibilität gewinnen lassen. Diese Variante kann dennoch nicht als Handlungspotential bezeichnet werden, da es in der zu wenig dem FEE-Prinzip folgt. Die Arbeitsplatz-Anmietung weist einige gute Vorteile auf, ist aber im aktuellen Forschungsstand noch nicht ausgereift und kann deshalb nicht für eine Umsetzung in der Form empfohlen werden.

Bereitsstellung von Flächen und Services - Entscheidungskategorien mit Handlungspotentiale	Theoretische Analyse
1. Art der Flächenbereitstellung	
1a. Miete	✓
1b. Eigentum	☒
1c. Arbeitsplatz-Anmietung	(✓)
1. Outsourcing Grad	
1a. Outsourcing von weniger als 100% der operativen Services	☒
1b. Outsourcing von 100% der operativen Services mit Einbindung des Dienstleisters in die Strategie	✓
2. DL Anzahl	
2a. Bereitstellung der Services mit mehreren Dienstleistern	☒
2b. Bereitstellung der Services mit nur einem Dienstleister	✓
3. Verrechnungsmodell	
3a. Verrechnungsmodell Fest/Pauschalpreis	✓
3b. Verrechnungsmodell Open Book/Kosten plus Aufschlag	☒
4. Vergabemodell	
4a. Paket/Gesamt Dienstleistung	☒
4b. System/Integrierte Services (ipv®)	✓
5. Ausschreibungsmethode	
5a. Leistungsorientiert	☒
5b. Ergebnisorientiert	☒
5c. Mix aus Leistungs- und Ergebnisorientiert	☒
5d. Ergebnisorientiert mit SLA	✓
6. Ausschreibungsverfahren	
6a. Verfahren der Funktionalvergabe nach GEFMA 960 in Anlehnung an VOB/VOL	✓
6b. Modernes in Anlehnung an GEFMA 960	☒

Abbildung 25: Übersicht aller eruierten Handlungspotentiale
Quelle: Eigene Darstellung

Übergehend zu der Servicebereitstellung, kann auf die, noch nicht so etablierte, Lösung der Systemvergabe in Verbindung mit der ergebnisorientierten Ausschreibungsmethode und dem Modernen Verfahren nach GEFMA 960 hingewiesen werden. Dabei werden Hundert Prozent der operativen Leistungen zusammen mit der Strategieeinbindung an den einen System-DL vergeben. Dieser wird im Zuge der Intergralen Prozessverantwortung dafür verantwortlich gemacht, eine dauerhafte Zufriedenheit der Mitarbeiter und Unternehmensführung mit ihrer Arbeitsumgebung sicherzustellen. Dadurch ergibt sich auch das komplexe Vergabeverfahren und die Verabschiedung der einfachen DL Beauftragung. Zusammenfassend lässt sich hierzu auch die Empfehlung der GEFMA mit einbinden:

„(...) [Für Corporates, die eine] professionelle Arbeitsteilung, eine stabile Qualität und Versorgungssicherheit ihrer Gebäude und Liegenschaften (d.h. funktionierende Arbeitsplätze) erzielen wollen und dabei die Möglichkeiten einer Kosten- und Aufwandsoptimierung umfassend nutzen möchten [ist die Systemvergabe nach ipv genau das Richtige]."[103]

Abschließend lässt sich mit wenigen Stichpunkten zusammenfassen, was sich mit der Umsetzung der Handlungspotentiale erreichen lässt:

- Standardisierte Leistungen
- Leistungen aus einer Hand
- Verbesserungs- und Innovationsgrundlage
- Auf den Kunden angepasste Leistungen
- Qualitätssicherung
- Gleiches Qualitätsverständnis
- Flexible Anpassung des Leistungsumfangs und der Qualität
- Verringerte oder verbesserte Steuerung und Kontrolle
- Höchst mögliche Übertragung der Betreiberverantwortung sowie gesamthafter Verantwortung
- DL als Problemlöser Spezialist mit umfangreichem Know-how beauftragt

Insgesamt kann eine hohe Flexibilität bei der Bereitstellung der Services geschaffen werden. Es lässt sich jedoch noch keine optimale Verrechnungsvariante dafür als zusätzliches Potential für die Effizienz finden. Das analysierte Ausschreibungsverfahren kann auch noch opti-

---

[103] GEFMA, 2005-04, 3. Auflage, S.4

miert werden, um allen Anforderungen gerecht zu werden. Für eine hohe Flexibilität bei Bereitstellung der Flächen ist noch keine Lösung in der Wissenschaft bekannt.

5.4 Weitere Maßnahmen zur Erfolgssicherung

Um eine erfolgreiche Implementierung der Integralen Prozessverantwortung zu sichern sowie einen dauerhaften und nachhaltigen Erfolg zu gewährleisten sollte der Auftrag auf die soliden Säulen einer *Partnerschaft* aufgebaut werden.

Nach der GEFMA 700 führt dieser Grundsatz der Partnerschaftlichkeit[104], neben einigen weiteren, wie Kunden- und Serviceorientierung, Prozessorientierung, Ganzheitlichkeit und anderen zu einem qualitätsorientieren FM.

Nach Aussage eines FM Beraters ist hierbei auch die gegenseitige Offenheit gemeint, dabei geht es mehr um die Verlässlichkeit als um das Vertrauen alleine.[105] Ebenfalls nimmt er ausführlich Bezug auf die DIN 15221-2 und mahnt bei seinem Vortrag auf der Frankfurter FM Messe am 26.02.2013, dass das Verständnis von dem Kerngeschäft des Kunden beim DL vorhanden sein muss.[106]

Zusammengefasst ist diese Geschäftsbeziehung so aufzubauen, dass beide Parteien davon partizipieren können und sich für keinen der beiden nach einer gewissen Zeit ein größerer Nachteil ergibt.[107] Sodass unter anderem diese bereits angesprochene Risikoübertragung sehr wahrscheinlich auch indirekt mit in die Leistungen eingepreist sein wird.

Die *Vertragsgestaltung* ist ein ganz wesentliches Instrument, um die gesamten verhandelten und vereinbarten Handlungspotentiale bei der Vergabe an einen DL abzusichern. Der Vertrag soll durch die klare, strukturierte und umfangreiche schriftliche Darstellung der Vereinbarung mögliche Missverständnisse, Unstimmigkeiten oder gar Streitigkeiten verhindern. Die Leistungsniveaus werden vertraglich festgelegt und sind damit auch verpflichtend für den DL.

Der FM Vertrag ist als solches nicht im Gesetzt geregelt und kann keinem klassischem "Vertragstypen" zugeordnet werden. Er setzt sich je nach Leistungen aus verschiedenen Typen zusammen, sodass Teile als Dienst-/Liefer-/Werkvertrag zu verstehen sind aber auch

---

[104] Die Vorteile von partnerschaftlicher Beziehung zum FM-DL können unter Pfnür, 2011, S. 448f. nachgelesen werden.
[105] Vgl. Experteninterview XY, am 30.5.13 11Uhr
[106] Vgl. Prischl, 2013, Vortrag am 26.2.13
[107] Eine ganz wesentliche Grundlagenquelle ist die DIN Norm CEN_EN 15221-2, der Leitfaden zur Ausarbeitung von Facility Management-Vereinbarungen und sollte ebenfalls in der Vorbereitungszeit der Ausschreibung zur Hand genommen werden.

Vereinbarungen nach dem VOB/B und VOB/C bei einem möglichen Einbau im Gebäude hinzukommen.[108]

Die ipv® hat jedoch einen Vertragsstandard entwickelt. Dabei geben sie auch zur Kenntnis, dass die Verantwortungs-Teilung zwischen dem Kernprozess des Kunden und dem DL neuartigen vertraglichen Regelungen bedarf. Ebenfalls gehen sie darauf ein, dass der Vertrag idealerweise auch über einen längeren Zeitraum, mit Optimierungs-Anreizen für beide Seiten, abgeschlossen werden sollte. Der entwickelte Standard spiegelt zusammengefasst genau die Punkte aus der Analyse wieder:

- Partnerschaftliche Zusammenarbeit
- Wirtschaftliche und rechtliche Verantwortungsübernahme und
- Flexibilität der Details in der Aufgabenstellung[109]

Für die *Qualitätssicherung und Steuerung* ist die Organisationsstruktur auf der Seite des Dienstleisters sehr wichtig. Denn nur mit einem Key Account Manager, welcher hierarchisch über allen anderen Leitern steht, kann eine Durchgriffs-Situation und Verfügungsgewalt geschaffen werden. Oder es wird eine unabhängige Gesellschaft dazwischen geschalten, welche für die tägliche Einhaltung aller Leistungen und Qualitäten sorgt und auf Grund des Abstandes zu den ausführenden Kräften durchgreifen kann.[110]

Zusätzlich sind noch *eine Menge weiterer Vorkehrungen* seitens der CREM Abteilung zu treffen, dass auch ein dauerhafter Erfolg der Systemvergabe ermöglicht wird. Dabei handelt es sich um die Optimierungspotentiale wie die Anpassung der dahinter liegenden Prozesse, Dateninformationssysteme sowie Organisationen.

Diese Themen werden jedoch auf Grund des Rahmens nur aufgelistet und sind bei der zukünftigen Untersuchung nach einigen Jahren der Implementierung ausführlicher zu analysieren und zu bewerten.

Nachfolgend gilt es die praktische Umsetzung des Corporates Teko vorzustellen und zu analysieren.

---

[108] Vgl. Gondring, H.; Wagner, T., 2012, S. 429f
[109] Vgl. GEFMA, 2005-04, 3. Auflage
[110] Vgl. Experteninterview mit Leiter TGM bei einem Corporate, am 10.6.13

6 ANALYSE PRAKTISCHE UMSETZUNG / ANWENDUNGSBEISPIEL TEKO

Im Folgenden wird die deutsche Tochtergesellschaft von einem globalen Konzern vorgestellt, welcher in Ländereinheiten organisiert ist. Vereinbarungsgemäß wird das Unternehmen im Rahmen dieser Untersuchung nicht benannt und nachfolgend immer als Teko bezeichnet. Auf Grund dieser Anonymisierung werden keine (genauen) Quellen angegeben, welche auf den Corporate schließen lassen können.[111]

6.1 Unternehmens- und projektbezogene Informationen

6.1.1 Allgemeines über das Unternehmen

Die Teko ist weltweit vertreten und beschäftigt in 2012 rund xx-tausend Mitarbeiter, wovon rund x-tausend in Deutschland beschäftigt sind.

Die Auswirkungen der Finanz- und Eurokrise waren auch bei Teko zu spüren. Der konzernweite Umsatz ging zurück und der Gewinn fiel um einen Milliardenbetrag.

Die Teko ist ein historisch gewachsenes Unternehmen. Es sind über die Jahre, auf Grund des Erfolgsstrebens, immer wieder Marktanpassungen vorgenommen wurden. All diese unternehmerischen Marktanpassungen des Kerngeschäfts ziehen immer auch Veränderungen der einzelnen Unterstützungsprozesse mit sich.

6.1.2 Informationen über das CREM

So wie das Unternehmen historisch gewachsen ist, so ist auch das Immobilienportfolio historisch gewachsen, wobei es sich in Deutschland um eine reine Anmietung aller Office und Shop Flächenarten handelt. Das CREM hat sich über die Jahre von einer rein dezentralen Steuerung von operativen Facility Management Dienstleistern, über das zentrale Managen eines End-to-End Real Estate Prozesses zu einer strategischen Abteilung an der Wertschöpfungskette des Unternehmens entwickelt. Eine Firmenübernahme führte, gemessen an der Standortzahl, grob zu einem Drittel Wachstum des heutigen Immobilienportfolios. Aus der Vergangenheit lassen sich zwei Wachstumsströme herausarbeiten - die interne Zunahme von

---

[111] Dies gilt im Besonderen für das Kapitel 61 *Unternehmens- und projektbezogene Informationen.* Die Informationen wurden hauptsächlich durch die CREM Leitung in Erfahrung gebracht.

Verantwortung und der Zuwachs des Portfolios beziehungsweise der Aufgaben aus dem Kerngeschäft heraus.[112]

Die zentralisierte, aber rasch gewachsene CREM Abteilung hat bereits eine große Akzeptanz im gesamten Unternehmen erreicht. Sie ist organisatorisch direkt beim Finanzvorstand aufgehängt und sehr stark auf den Nutzer ausgerichtet, da dies die Unternehmensphilosophie so vorgibt, im Sinne von: der interne Mitarbeiter ist ebenfalls ein Kunde. Dementsprechend gibt es einen regen Austausch mit der Unternehmensführung und Entscheidungsvorgaben von der Unternehmensführung. Der Servicegedanke der CREM Abteilung wird für ihre internen Kunden[113] sehr hoch geschrieben.[114]

Das Betriebliche Immobilienwesen umfasst derzeitig circa xx Mitarbeiter. Wobei es sich hierbei um ein gewachsenes Aufgabengebiet handelt. In diesem Team werden Verantwortlichkeiten der Shops sowie der Offices und Call Center Flächen gebündelt. Für die Verwaltung der Flächen gibt es ein Property Management Team, Corporate Real Estate Services und Corporate Security sowie weitere Verantwortlichkeiten für das Kosten-, Flächen- und Umzugsmanagement und für die Real Estate Strategie.

6.1.3 Das Problem der Teko

Nach Eintritt der Eurokrise und der daraus resultierenden Belastung auf das Unternehmen wurden konzernweit Evaluierungen vorgenommen, wo Kosteneffizienzen generiert werden können. Es wurde ein kontinuierlicher Verbesserungsprozess eingeleitet. Dies führte dazu im Betrieblichen Immobilienwesen konkrete Überlegungen zu Kostenoptimierungsmaßnahmen anzustellen.

6.1.4 Auswirkungen auf das CREM

Es gab somit das Ziel, Kosten direkt bei der Flächen- und Service Bereitstellung zu reduzieren. Das Einsparungspotential wurde durch die Schaffung von Effizienz begründet. In Deutschland ließ sich dieses Potential auf Grund der schnell gewachsenen Immobilienabteilung und der hohen Dienstleisteranzahl (rund 60 regionale Einzel DL) für die Facility Ser-

---

[112] Vgl. Experteninterview stellvertretender CREM Leiter Teko, am 4.6.13
[113] Das sind entsprechend die anderen Unternehmensbereiche und Abteilungen der Teko.
[114] Vgl. Experteninterview stellvertretender CREM Leiter Teko, am 4.6.13

vices feststellen. Demnach wurde ein Ausschreibungs-Projekt aufgesetzt bei dem es um die DL Konsolidierung und die komplette Vergabe der operativen Facility Services ging.[115]

Das Ziel der Kostenoptimierung betraf ebenso andere Ländergesellschaften der Teko. Wobei die Ausgangspositionen in den unterschiedlichen Ländereinheiten verschieden sind und dies zu unterschiedlichen Anforderungen an das Ausschreibungs- Projekt führt. Die Ausschreibung wurde zentral angeschoben, das heißt, die übergreifende Projektleitung und Steuerung wurde von dem XY-Land übernommen. Und jedes Land hat seinen Bedarf im XY-Land angemeldet und regelmäßig die einzelnen Projektabschnitte und -erfolge den XY-Kollegen berichtet. Es besteht die Absicht, in Zukunft möglichst mit nur einem Dienstleister in ganz Europa zu arbeiten und einen regelmäßigen länderübergreifenden Informationsaustausch zu realisieren. Derzeit sind die einzelnen Ländereinheiten jedoch in ihrer Entwicklung, Verantwortung und Kultur so verschieden, dass dies nur eine Zukunftsprognose darstellt und in diesem Projekt nur die ersten Weichen dafür gestellt werden können.

Da der Fokus dieser Untersuchung jedoch auf den Corporates in Deutschland liegt, wird der Rahmen weiterführend auf die deutsche Ländergesellschaft und ihre Entwicklungen gelegt und nur abschließend ein Ausblick auf den Rest Europas gegeben.

6.1.5 Ziele des Ausschreibungs- Projekts

Die deutsche CREM Abteilung hat es sich zur Aufgabe gemacht, nicht einfach nur Kosten zu reduzieren, indem sie die DL bündelt und die Organisation und Prozesse dementsprechend anpasst. Sondern sie hat sich viel mehr mit der Frage auseinandergesetzt, welche Ziele mit der Ausschreibung noch verfolgt werden können. Da die Nutzerzufriedenheit mitunter das höchste Ziel der Abteilung ist und sie sich als interner DL verstehen, wurden die Überlegungen auch in Richtung Qualitätssteigerung und Erhöhung der Flexibilität gerichtet. Dabei sollten spezielle Aspekte in dem Projekt untersucht werden und dies mit der gebündelten Service Vergabe verbunden werden. Somit ergab sich folgender zusätzlicher Bedarf:

- Sicherheit über die prognostizierten Kosten, Vermeidung des Forderungs- und Nachtragsmanagements
- Keine Ersatzbeschaffungen für technische Anlagen mehr
- Die bestehenden Risiken soweit wie möglich mit an den DL übertragen
- Einen Service Standard über alle Standorte einführen

---

[115] Vgl. Experteninterview stellvertretender CREM Leiter Teko, am 4.6.13

- Direkte Anpassung an den jeweiligen veränderten Serviceumfang
- Reduzierung des administrativen Aufwandes
- Steigerung der Service Qualität und Kundenzufriedenheit
- Schaffung von mehr Flexibilität innerhalb vertraglicher Rahmen
- Förderung von innovativen Konzepten und Modelle[116]

Mit hoher Priorität wurde ein weiteres umfangreiches Anliegen mit aufgenommen. Die CREM Abteilung hat die höchste Effizienz und Flexibilität damit identifiziert, dass sich die Flächenbereitstellung immer konkret den jeweiligen notwendigen Arbeitsplätzen anpasst. Und demnach hat sich folgender erweiterter Bedarf ergeben:

- Kein Eigentum von Anlagen
- Keine eigenen Mietverträge mehr
- Keine separate Bezahlung einzelner Miet–und Betriebskosten mehr

Da die Teko bereits zum heutigen Stand bezogen auf Office und Shops nur Mietflächen in ihrem Immobilienportfolio hat, musste die Frage der generellen Anmietung nicht mehr gestellt werden. Da die Überlegungen in Richtung Anmietung von vollbewirtschafteten Arbeitsplätzen gehen und zu einem solchen Modell bisher keine aktuellen Umsetzungen in Deutschland bekannt sind sowie die Erläuterung und Analyse den Rahmen der Untersuchung überschreitet, wird nur am Ende noch einmal Bezug auf das Thema genommen und ein Ausblick darauf gegeben.

6.2 Hinweise zur Vorstellung der Analyse Ergebnisse

Im nachfolgenden Kapitel wird die Umsetzung des Ausschreibungs- Projektes anhand der vorher erarbeiteten theoretischen Entscheidungskategorien analysiert. Dabei wird die gleiche Chronologie wie in der theoretischen Analyse verwendet, sodass eine Vergleichbarkeit geschaffen wurde. Konkret können die erreichten Punkte der Bewertung und die Argumentation beider Lösungen direkt gegenüber gestellt werden. Da die Begriffe bereits im Kapitel 5.2.1 ausführlich erläutert wurden wird der Umfang dieser Analyse deutlich kürzer sein. Teilweise werden einzelne Entscheidungen zusammen vorgestellt, da eine exakte Abtrennung nur für die genaue Erläuterung notwendig war.

---

[116] Vgl. Experteninterview stellvertretender CREM Leiter Teko, am 4.6.13

6.3 Analyse der einzelnen Entscheidungskategorien

6.3.1 Übersichtlicher Bezug zur theoretischen Analyse

In dem Kapitel folgen die Analyse des Anwendungsbeispiels und der Vergleich zu der theoretischen Analyse. Für den Einstieg in das Thema der verschiedenen Entscheidungskategorien wird anbei die Bewertungsmatrix aus der theoretischen Analyse mit dem Zusatz einer Ampelsystematik dargestellt (siehe Abbildung 26 und Abbildung 27). Sodass klar erkennbar wird, für welche Varianten sich jeweils die Teko entschieden hat. Dabei gibt es folgende drei Bedeutungen der Ampelfarben:

Ampel oben markiert: Nicht für diese Variante entschieden

Ampel in der Mitte markiert: Einen Teil übernommen und erweitert

Ampel unten markiert: Für diese Variante entschieden (entweder aus der theoretischen Analyse übernommen oder neu erstellt)

Entscheidungs Kategorien	Handlungspotentiale Gewichtung	--> gegeben somit als Vorteil zu werten			--> nicht gegeben somit als Nachteil zu werten			Summe mit gleicher Gewichtg (Nenner 1 bzw. -1)
		a) unter dem Aspekt der Flexibilität 8	b) unter dem Aspekt der Effizienz 4	c) unter dem Aspekt der Effektivität 4	a) unter dem Aspekt der Flexibilität 8	b) unter dem Aspekt der Effizienz 4	c) unter dem Aspekt der Effektivität 4	
Outsourcing Grad für Bereitstellung Services								
nicht	a) weniger als 100% der operativen Services	0,25	0	0,25	-0,25	0	0	0,08
gleich	b) 100% der operativen sowie strategischen Services	0,625	0	0,25	-0,125	0	0	0,25
DL Anzahl für Bereitstellung Services								
nicht	a) Mehrere DL	0,25	0,25	0	-0,375	-0,25	-0,75	-0,29
gleich	b) Ein einziger DL	0,625	0,75	0,5	0	0	0	0,63
Verrechnungsmodelle für Bereitstellung Services								
erweitert	a) Festpreis		2			0		0,50
nicht	b) Open Book		0			-0,75		-0,75
nicht	c) Einheitspreis		0			-0,5		-0,50
!Neu !	d) Budget+Preis Obergrenze Teko		1			0		0,33
Vergabemodelle für Bereitstellung Services								
nicht	a) Paket/ Gesamt DL	0,75	0,75	0	0	0	-0,5	0,33
gleich	b) System/Integrierte Prozessverantwortung ipv®	0,875	1	0,75	0	0	0	0,88

Abbildung 26: Bewertungsmatrix Entscheidungsvarianten- Umsetzung Teko im Vergleich zur theoretischen Analyse Teil 1/2
Quelle: Eigene Darstellung

Die Vergabe der Punkte folgt den bereits unter 5.1 erläuterten Prinzipien der getrennten Nennung und Wertung von Vor- und Nachteilen in Bezug auf die Oberkriterien: Flexibilität, Effizienz und Effektivität.

Nach kurzer Betrachtung lässt sich schnell ablesen, dass die CREM Abteilung viele Handlungspotentiale für sich erkannt hat, wobei es hier einige Abweichungen gibt. Sie haben sich grundsätzlich immer für die höher bewerteten Varianten entschieden und teilweise darüber hinaus diese Potentiale weiter ausgebaut und somit eine eigene Umsetzungsvariante entwickelt. Die Abbildung 26 stellt dabei die vier Entscheidungskategorien dar, die den entscheidenden Einfluss auf die mögliche zu gewinnende Flexibilität zusammen mit einer hohen Effizienz und Effektivität ergeben. Weiterführend werden in der Abbildung 27 die Entscheidungskategorien dargestellt, die dabei helfen sollen, die aufgedeckten Handlungspotentiale wirklich umzusetzen und so in Gänze zum Erfolg zu bringen.

Entscheidungs Kategorien	Handlungspotentiale	--> gegeben somit als Vorteil zu werten			--> nicht gegeben somit als Nachteil zu werten			Summe mit gleicher Gewichtg (Nenner 1 bzw. -1)
		a) unter dem Aspekt der Flexibilität	b) unter dem Aspekt der Effizienz	c) unter dem Aspekt der Effektivität	a) unter dem Aspekt der Flexibilität	b) unter dem Aspekt der Effizienz	c) unter dem Aspekt der Effektivität	
	Gewichtung	8	4	4	8	4	4	
Ausschreibungsmethode								
nicht	**a) Leistungsorientiert**	0,36			-0,36			0,00
nicht	**b) Ergebnisorientiert**	0,29			-0,43			-0,14
nicht	**c) Mix aus Leistungs- und Ergebnisorientiert**	0,36			-0,29			0,07
erweitert	**d) Ergebnisorientiert mit Service-Level-Agreement**	0,64			0,00			0,64
! Neu !	**e) Weiter entwickelt Teko**	0,93			0,00			0,93
Ausschreibungsverfahren								
erweitert	**a) Verfahren der Funktionalvergabe nach GEFMA 960 in Anlehnung an VOB/VOL**	0,36			-0,21			0,14
! Neu !	**c) Weiter entwickelt Teko**	0,79			0,00			0,79

Abbildung 27: Bewertungsmatrix Entscheidungsvarianten- Umsetzung Teko im Vergleich zur theoretischen Analyse Teil 2/2
Quelle: Eigene Darstellung

6.3.2 Auflistung der übereinstimmenden Entscheidungskategorien

Was heißt das nun genau in der Umsetzung von Teko? Zum einen haben sie sich für die Beauftragung eines einzigen Dienstleisters entschieden. Sie haben ebenfalls den höchst möglichen Umfang für die Vergabe der Services gewählt. Und es war ihnen ein sehr großes Anliegen ab sofort mit einem System- Dienstleister zusammen zu arbeiten.

Der stellvertretende CREM Leiter meint auch, dass ein wirtschaftlicher Preis erst dadurch erzielt wird, wenn der AG nicht mehr bei jedem Einzel-DL den „organisatorischen Wasser-kopf", also das KAM, bezahlt sondern eine solche Struktur nur einmalig bei dem System-DL bezahlt werden muss. Und sie haben über die Jahre die Erfahrung gemacht, dass der Auftrag-nehmer der Spezialist ist und es nicht notwendig ist, das Was, Wie und Wann der Services exakt zu formulieren.[117]

Bei den übrigen drei Punkten Verrechnungsmodell, Ausschreibungsmethode und Ausschrei-bungsverfahren wurden veränderte Varianten verwendet, welche es somit im Anschluss vorzustellen und zu analysieren gilt.

6.3.3 Verrechnungsmodell

Angefangen wird bei dem Entscheidungspunkt, welcher einen wichtigen Einfluss auf die Erreichung von Effizienz und Flexibilität nimmt - dem Verrechnungsmodell.

Im Vergleich zu dem vorher aufgedeckten Handlungspotential im Kapitel 5.2.1 hat die Teko eine noch höher bewertete Lösung erarbeitet und umgesetzt. Dabei erreicht dieses Potential 1 von 1 Punkten bei der Effizienz (siehe Abbildung 28).

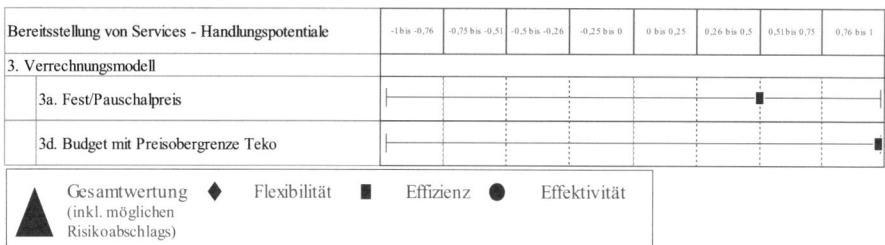

Abbildung 28: Bewertungsmatrix Entscheidungskategorie Verrechnungsmodell- Vergleich Handlungspo-tential theoretische Analyse mit der Lösung der Teko
Quelle: Eigene Darstellung

---

[117] Vgl. Experteninterview stellvertretender CREM Leiter Teko, am 27.6.13

Die Teko erweitert das Modell des Festpreises und gibt ein vorab definiertes Budget direkt an den DL weiter. Innerhalb dieses Budgets hat der Dienstleister im Rahmen seiner Ausschreibung die Leistung fixiert und ist vollumfänglich für dessen Umsetzung verantwortlich. Ein Nachtrags Management ergibt sich somit nicht mehr. Eine Budgetanpassung erfolgt lediglich auf Basis einer Anpassung des Flächenportfolios der Teko. Dies geht mit dem Modell der Systemvergabe einher - hierbei wird dem DL ohnehin die gesamte technische und rechtliche sowie die wirtschaftliche Verantwortung übertragen, sodass es zu Synergieeffekten führt, wenn die Servicekosten begrenzt werden.

Diese neue geschaffene Handlungsmöglichkeit erreicht daher nun noch eine höhere Gesamtpunktzahl im Vergleich zu den theoretischen Varianten. Zum einen steht bereits am Anfang eines Jahres die Summe fest und lässt keine Ungewissheit mehr zu. Und zum anderen wird das komplette Kostenrisiko dem DL übertragen. Er ist durch sein professionelles Management dazu in der Lage, entsprechende Kalkulationen durchzuführen und seine Aufwendungen und Erträge innerhalb seines Unternehmens über die unterschiedlichen Gewerke zu verteilen.

Die einzelnen Kostenpositionen können dahingehend kalkuliert werden, als dass die Teko zwar keinen umfangreichen Leistungskatalog zur Verfügung stellt, dafür aber eine vollständige Auflistung über die zu bewirtschaftenden Gewerke und die erwarteten Endergebnisse an den DL übergibt. In Verbindung mit der Entscheidung für die hundertprozentige Vergabe aller operativen Leistungen steht die Frage gar nicht mehr zur Dispositionen, ob einzelne vorher nicht besprochene Leistungen im Umfang der Leistungserbringung des Dienstleisters stehen. Der Dienstleiter ist außerdem durch die Vergabe der integrierten Prozessverantwortung allumfänglich für den funktionierenden Arbeitsplatz verantwortlich.

Es gibt jedoch einen sehr großen Diskussionspunkt, welcher vollständig durchdacht und geregelt wurde: Wo sind die Grenzen der Leistungserbringung innerhalb des nicht veränderlichen Budgets?

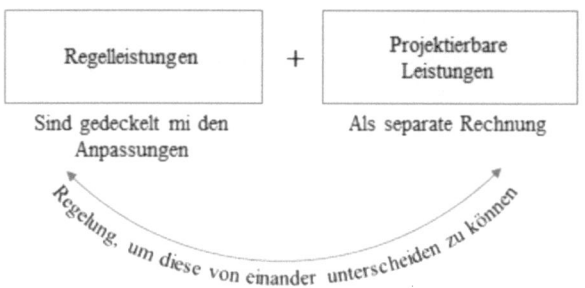

Abbildung 29: Preisobergrenze Servicekosten-Unterscheidung
Quelle: Eigene Darstellung

Hierzu stellt die Abbildung 29 die zwei möglichen Situationen dar. Zum einen gibt es die generellen Regelleistungen und zum anderen die projektierbaren Leistungen. Eine Unterscheidung ist zwingend notwendig. Dafür wurde die folgende Formulierung aufgestellt:

> Alle Leistungen, welche von einer einzelnen Abteilung angefragt werden und nur von einem Finanzauschuss des Corporates genehmigt werden können, sind projektierbare Leistungen und somit keine Regelleistungen mehr.

Und daher sind alle anderen Leistungen, die nicht projektierbar sind, Regelleistungen. Wobei es hierbei zwei ergänzende Regelungen gibt. Für Instandsetzungen wird eine Preisobergrenze festgelegt, sodass zum Beispiel Ersatzbeschaffungen von Maschinen nur bis zu einem Betrag ‚xy' von dem Dienstleister getragen werden müssen; darüber hinaus wird der Corporate als Bezahler involviert. Bei Änderung des Flächenportfolios erfolgt eine Anpassung des Regelleistungsbudgets ab einer gewissen prozentualen Grenze in beide Richtungen.

Um das Thema Verrechnungsmodell abzuschließen, ist darauf hinzuweisen, dass keine festen Anreizsummen vereinbart wurden, es vielmehr dem Ansatz von einem Gain-Share folgt. Hierbei ist die Motivation nur noch besser gestaltet: wenn der DL optimal gewirtschaftet hat, kann er alle Gewinne für sich verbuchen und muss diese nicht mit der Teko direkt teilen. Der Gesamtbetrag ist zwar realistisch, aber durchaus herausfordernd. Der DL ist angehalten, seine Prozesse so schnell wie möglich zu optimieren und verschiedene Innovationen und Verbesserungen mit einzubringen, um seinen Deckungsbeitrag und spätere Gewinne zu erwirtschaften.[118]

---

[118] Vgl. Experteninterview stellvertretender CREM Leiter Teko, am 4.6.13; Diese Kostenmethode ist bereits in der Automobilbranche Gang und Gäbe- der DL Vertrag wird mit einem sinkenden Stufensystem über die Gesamtkosten der ersten 5 Jahre abgeschlossen.

6.3.4 Ausschreibungsmethode

Nur wie konnte die Teko all diese Handlungspotentiale in einer Ausschreibung unterbringen und diese demnach absichern? Die folgende Darstellung zeigt, dass dies durch die weiter entwickelte Variante 5e möglich war, da bei der Sicherung der Handlungspotentiale 0,93 von 1 Punkt erreicht werden konnten und damit eine noch bessere Variante entwickelt wurde (siehe

Abbildung 30).

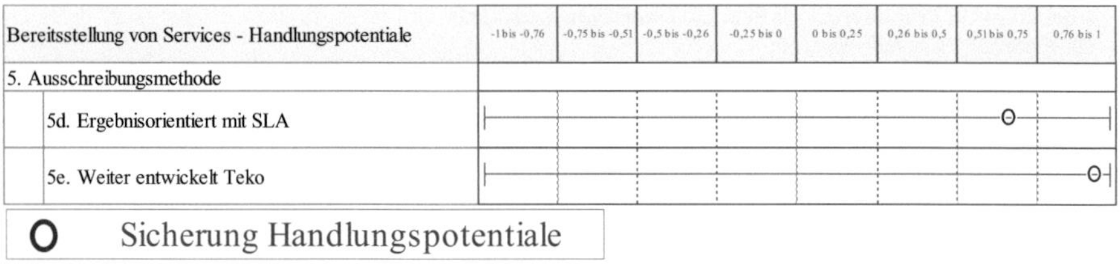

Bereitsstellung von Services - Handlungspotentiale	-1 bis -0,76	-0,75 bis -0,51	-0,5 bis -0,26	-0,25 bis 0	0 bis 0,25	0,26 bis 0,5	0,51 bis 0,75	0,76 bis 1
5. Ausschreibungsmethode								
5d. Ergebnisorientiert mit SLA							O	
5e. Weiter entwickelt Teko								O

O   Sicherung Handlungspotentiale

Abbildung 30: Bewertungsmatrix Entscheidungskategorie Ausschreibungsmethode- Vergleich Handlungspotential theoretische Analyse mit Lösung der Teko
Quelle: Eigene Darstellung

Ähnlich wie bei Punkt d) Ergebnisorientiert mit SLA hat die Teko die Ausschreibungsmethode in ihrem Projekt angewandt. Hierbei gab es nur einige Erweiterungen beziehungsweise Veränderungen. Es wurde der gegensätzliche Ansatz gewählt.- Die Teko hat ein Budget vorgegeben und hat sich innerhalb dieses Budgets ein Leistungskonzept anbieten lassen Diese werden einzeln mit Hilfe der Bewertungskriterien auf der nachfolgenden Seite im Detail erläutert (siehe Abbildung 31). Die Entscheidung sollte nicht mehr hauptsächlich auf dem Preis basieren, sondern vielmehr auf der Erreichung der unter 5.3.1 bereits vorgestellten weiteren Ziele. Daher bestand die Herausforderung vor allem darin, festzustellen, ob dies alles von einem Dienstleister angeboten werden konnte. Wichtig war hier, dass der Dienstleister mit dem besten Leistungskonzept und der besten Qualität innerhalb des Budgets den Zuschlag erhalten sollte.

In Abbildung 31 wird ersichtlich, dass so gut wie alle Anforderungen erfüllt werden können. Es lässt sich festhalten, dass bei einer ergebnisorientierten Ausschreibung mit vereinbarten SLAs und einem fest vorgegeben Budget mit einer Preisobergrenze genau die Möglichkeit geschaffen wird, welche notwendig ist, um ein so komplexes Konzept von dem zukünftigen Dienstleistungs-Partner zu erhalten.

	e) Weiter entwickelte Variante d durch Teko
	13
Konzept mit bestem Gesamtpreises der Services	* Der Preis ist in dem Sinne kein Bewertungkriterium mehr, weil er von Teko vorgegeben wurde und somit in jedem Falle der beste ist. 2
Kompetentester Anbieter	* Dieser zeichnet sich dadurch aus, wenn er sein Kerngeschäft so gut kennt, dass er einschätzen kann, welche Leistung und Qualität für das gegebene Budget anbieten kann 2
Konzept mit bester individuell angepasster Servicelösung	* Ein Ideenwettbewern wird ermöglicht * Die Kommunikation zwischen den Verhandlungspartnern wird optimiert 2
Konzept mit geringstem internen Aufwand für die zukünftige Leistungserbringung	* Das Konzept, welches die beste Kontroll- Möglichkeit der Leistungen liefert (zwecks Umfang, Kosten und Zeit). 1
Konzept mit einfachster Lösung für mögliche zukünftigte Veränderung des Leistungsumfanges	* Auch dies wurde bei dem festen Budget bedacht. Dazu sind vom Anbieter mögliche Grenzen anzubieten und mit dem Kunden zu verhandeln, ab welchem %-Satz Flächen/Service Veränderung das Budget mit welchem Betrag nach oben oder unten angepasst wird. 2
Konzept mit kontinuierlicher Verbesserung und Steigerung durch Beachtung von Innovation und Trends	* Wird durch das feste Budget und den klaren vereinbarten Gain Share gefördert, dabei verpflichtet sich der DL mit dem einen Teil des Gewinns in Innovationen zu investieren 2
Konzept mit leichtester Absicherung der gewünschten Leistungserbringung und Qualität	* DL und AG definieren gemeinsam die Ergebnisse und Leistungen in dem SLA 2

Abbildung 31: Analyse und Bewertung der von Teko erweiterten Ausschreibungsmethode
Quelle: Eigene Darstellung

6.3.5 Ausschreibungsverfahren

Auch bei der Auswahl des Ausschreibungsverfahrens hat die Teko die Möglichkeiten der Theorie ausgebaut und eine Variante entwickelt, bei der fast all ihre Anforderungen in der Umsetzung erreicht werden konnten. Somit ergibt sich in der Bewertungsmatrix (siehe Abbildung 32) eine höher erreichte Punktzahl gegenüber dem theoretischen Handlungspotential.

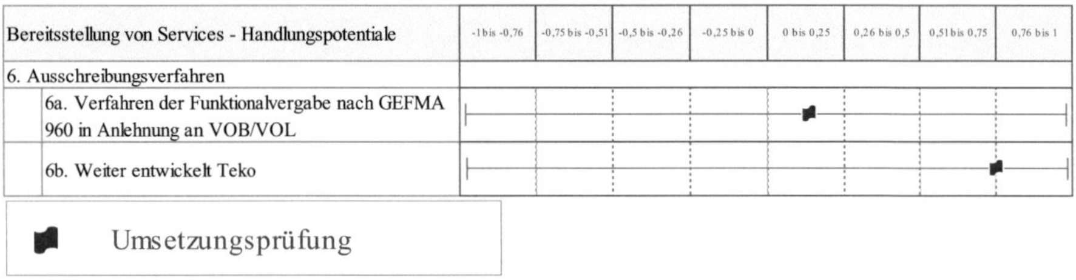

Bereitsstellung von Services - Handlungspotentiale	-1 bis -0,76	-0,75 bis -0,51	-0,5 bis -0,26	-0,25 bis 0	0 bis 0,25	0,26 bis 0,5	0,51 bis 0,75	0,76 bis 1
6. Ausschreibungsverfahren								
6a. Verfahren der Funktionalvergabe nach GEFMA 960 in Anlehnung an VOB/VOL						■		
6b. Weiter entwickelt Teko							■	

■ Umsetzungsprüfung

Abbildung 32: Bewertungsmatrix Entscheidungskategorie Ausschreibungsverfahren- Vergleich Handlungspotential theoretische Analyse mit Lösung der Teko
Quelle: Eigene Darstellung

Es lohnt sich daher die gesamten Kriterien und die Argumentationsreihe dazu in einer Übersicht hier einzubringen. Dazu gibt die Abbildung 33 die detaillierte Analyse über die Notwendigkeiten der gemeinsamen Erarbeitung einer nachhaltigen Partnerschaft auf einer Basis von gegenseitiger Offenheit, Vertrauen und Verlässlichkeit wieder.

Das Verfahren wurde jedoch nicht auf seine Effizienz hin untersucht. Es besteht kein Maßstab für den Vergleich der kurzfristigen Investition während der Ausschreibung mit dem langen und nachhaltigen Ergebnis nach der Umsetzung. Es ist jedoch der Hinweis notwendig, dass ein hoher interner Kapazitäten-Aufwand für den wettbewerblichen Dialog von Nöten ist. Es ist so, dass die RFP Phase intensiver betrieben wird. Das heißt, dass die sogenannten Dialogtreffen mit möglichst der richtigen fachlichen Besetzung auf der Kundenseite wahrgenommen werden müssen. Nur so können die Fragen gleich richtig positioniert werden. Dies ist nur mit einer guten Teamstruktur möglich, damit das Tagesgeschäft normal weiter laufen kann. Die Bieterpräsentationen werden nur mit den Projektverantwortlichen besetzt. Und in der Anfangsphase der Partnerschaft (nach Abschluss des Vertrages) ist die fachliche Besetzung des Kunden für die ausführliche SLA Formulierung mit dem DL notwendig. Ob dieser Aufwand umfangreicher und kostenintensiver als bei dem Verfahren mit Leistungsverzeichnis der Fall ist, lässt sich nicht sicher sagen, es kommt dazu immer auf die individuelle Situation und die jeweilige Ausgangslage an.

	b) Weiter entwickelte Variante a durch Teko	
	11	
Prüfung ob Anbieter individuell auf den Kunden eingeht	* Durch die War rooms und die bereits vorab zur Verfügung gestellten Unterlagen wurde dem DL die Möglichkeit geboten, den Kunden seine entsprechenden Ansprüche schon während der Ausschreibungsphase kennen zu lernen. * Es wurde versucht ihm keine Information über bisherige DL Ausführung zu geben, weil die Gefahr bestand, dass er diese dann einfach nur adaptiert würde, in der Hoffnung, dass Teko mit dem jetzigen Niveau zufrieden ist. * Es gab kein Leistungsverzeichnis sondern nur einen sehr umfangreichen "FM Gewerke-Katalog"	2
Prüfung ob Anbieter und Kunde das gleiche Leistungsbild sowie die gleiche Qualität verstehen	* Da das Verfahren vom Wesen her auf eine ergebnisorientierte Ausschreibung aufbaut gibt es in diesem Sinne kein Leistungsverzeichnis, dafür wird am Anfang der RFP Phase eine umfangreiche Anlagen und Flächenliste übergeben sowie eine Übersicht, welche Leistungen grundsätzlich zu erfüllen sind * Der Anbieter ist dann gewillt mit diesem Input erste Serviceauffassungen zusammen zu tragen. Während der War rooms (zwei volle Tage) und dem Mailverkehr konnte er den richtigen Umfang und die richtige Qualität gemeinsam mit der Teko eruieren und und die eigenen Auffasungen schildern (wobei der DL sehr proaktiv agieren musste). * Zwar wird bereits diese Auffassung und der Prozess der War rooms für die Bewertung und den Anbieterzuschlag genutzt, trotzdem wird dann noch sehr ausführlich an dem gleichen Verständnis der SLA gearbeitet - diese werden aber erst nach Vertragsabschluss in kleineren Teams zusammen getragen und implementiert.	2
Prüfung ob der Anbieter wirtschaftlich und inhaltlich im Stande ist die Integrale Prozessverantwortung zu übernehmen	* Unabhägig vom Verfahren könnte das Zertifikat der GEFMA 730 Aufschluss darüber geben, ob eine ganzheitliche Verantwortung übernommen und Risiken beherrscht werden können. * In dem Verfahren selbst ist auch kein Platz für eine gemeinsame Validierung der ersten kalkulierten Zahlen aus der "Deckungsbeitragsrechnung" möglich, das Risiko liegt allein auf der DL Seite * Der Dialog bzw. die offene Diskussion über beiderseitig erkannte und noch zu klärende Punkte fehlt wieder.	2
Prüfung ob sich Sympatie zwischen Anbieter und Kunde ergibt	* Eine erste Sympathie kann entstehen aber keine nachhaltige und zukunftsbauende für eine gemeinsame Geschäftsbeziehung. Dazu ist über Wochen ein Dialog sowie die offene Diskussion notwendig.	2
Prüfung ob zwischen Anbieter und Kunden eine Vertrauensbasis entsteht	* Ein DL kann den Anschein von vertrauenswürdig erwecken, dennoch bedarf es auch hierbei weiterer gemeinsamer Termine außer der RFI Präsentation und der RFP Präsentation	2
Prüfung ob Anbieter Verlässlich erscheint	* Dies ist teilweise auch mit den wenigen gemeinsamen Terminen möglich * es lassen sich im Hintergrund Referenzen prüfen und direkt kontaktieren, Unterlagen und Termine sind verlässlich einzuhalten und die Vollständigkeit der Bieterunterlagen lässt sich auf eine gewisse Verlässlichkeit schließen	1

Abbildung 33: Analyse und Bewertung des durch Teko erweiterten Ausschreibungsverfahrens
Quelle: Eigene Darstellung

6.4 Zusammenfassung

Die Teko nutzt die folgenden Handlungsmöglichkeiten für ihre Ausschreibung: Ergebnisorientierte Vergabe, Integrale Prozessverantwortung und Wettbewerblicher Dialog. Somit kann sie die Vorteile daraus ziehen, um einen Ideenwettbewerb unter den DL zu schaffen. Das CREM will dem DL keine Vorgaben mehr machen, wie er was konkret zu machen hat. Es soll vielmehr nur die Information an den DL weiter gegeben werden, welche Unternehmenskultur bei der der Teko herrscht. Und der DL soll dementsprechend daraus schließen, welche Qualität beziehungsweise welches Mindestmaß an Services erwartet wird. Es geht hierbei um das beste Hospitality Konzept. Nur der beste DL kann sie während der Ausschreibungsphase überzeugen.[119]

Um die Objektivität der Leistungen, für die spätere Messung und Beurteilung, zu ermöglichen, werden die SLAs und KPIs nach dem Bieterzuschlag festgelegt. Dazu wird das CREM diese gemeinsam mit dem DL in kleineren spezifischen Gruppen definieren. Dadurch gestalten sie sich den gewollten individuellen Leistungsbezug und verhindern damit das Angebot von Standardleistungen.

Es lässt sich subsummieren, dass die Teko mit der konsequenten und sukzessiven Festlegung der einzelnen Handlungsmöglichkeiten innerhalb aller Entscheidungskategorien *fast das gesamte Potential* aufgedeckt hat.

Die CREM Abteilung konnte mit dieser Umsetzung des Projektes nicht nur den Erwartungen der Unternehmung gerecht werden, sondern auch die eigenen Bedarfe umsetzen. Zusammengefasst haben sie folgende *wichtige Aspekte damit erreicht*. Sie haben:

- das höchstmögliche Risiko ausgelagert
- zukünftig festgeschriebene Gesamtkosten für das gesamte Real Estate Management gesichert und
- einen Partner gefunden, welcher eine zufriedenstellende sowie standardisierte Leistung mit flexibler Anpassung liefert und sogar mit ihnen mitwächst.

Mit der Verantwortungs- und Managementübergabe haben sie den *geringsten möglichen Steuerungsaufwand* geschaffen. Es wird nur ein Steering Committee auf Seiten des Corporates bestehen, welches regelmäßig mit verschiedenen KPIs die andauernden Qualitäts- und Leistungsmessungen bewertet. Es wurde dadurch die operative Tätigkeit im CREM reduziert und die Konzentration zukünftig mehr auf die Steuerungsfunktion gelegt. Dies zieht eine freie Managementkapazität für Schlüsselprojekte nach sich.

Die CREM Abteilung ist noch nicht am Ende ihres Ziels angelangt.[120] Sie haben im weiteren Zuge der Ausschreibung den Gedanken der *Arbeitsplatz Anmietung* weiter entwickelt und dies mit in die Vergabe als spätere Umsetzung hinein genommen. Dies stellt sozusagen die Phase

---

[119] Vgl. Experteninterview stellvertretender CREM Leiter Teko, am 6.5.13
[120] Vgl. Experteninterview stellvertretender CREM Leiter Teko, am 6.5.13

zwei auf ihrem Weg zur höchst möglichen Flexibilität dar. Denn wie die Vorstellung der möglichen Arbeitsplatz Anmietung bereits in der Analyse unter Punkt 5.2.1 angedeutet hat, ist nur mit diesem Modell eine vollständig flexible Flächenbereitstellung gewährleistet.

Da hier Einbußen bei der Effizienz und Effektivität resultieren, hat die Teko diese *Variante weiter entwickelt*. Sie haben mit dem neuen Dienstleister einen Partner gefunden, welcher in naher Zukunft für die, nach und nach auslaufenden, Mietverträge neue Flächen sucht und selbst anmietet. Er wird die Flächen ebenfalls in intensiver Abstimmung mit und für die Teko ausbauen und verfolgt daher den Ansatz der integralen Infrastrukturplanung. Somit wird der Teko das Komplettpaket - Fläche plus Vollbewirtschaftung für die tatsächlichen notwendigen Arbeitsplätze geliefert. Ein An- und Abmieten lässt sich damit sehr schnell und kurzfristig umsetzen.

Die Bezahlung dieser Arbeitsplätze erfolgt pro Arbeitsplatz. Somit wird die Möglichkeit generiert, die Kosten auf den jeweiligen Abteilungen zuzuordnen und im Sinne von einem Cost Center[121] umzulegen.

In der nachfolgenden Grafik wird zum besseren Verständnis der Abrechnungsmöglichkeit die Zusammensetzung der *Arbeitsplatz-Gebühr* dargestellt. Dabei sollen die einzelnen Balken die Symbolik für die verschiedenen möglichen Stellschrauben darstellen.

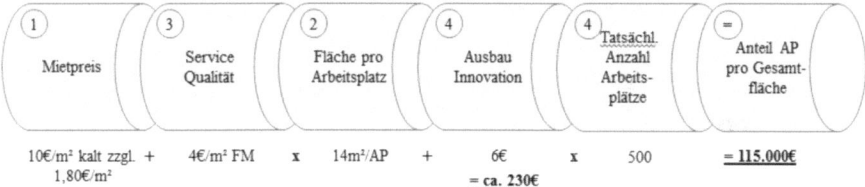

Abbildung 34: Bestandteile der Arbeitsplatz Fee
Quelle: Eigene Darstellung in Anlehnung an Experteninterview stellvertretender CREM Leiter Teko, am 15.1.13

Hierbei wird die Flexibilität mit eingepreist, gleichzeitig werden dabei immense Kosten gespart, weil nur die tatsächlich notwendigen Arbeitsplätze angemietet und bezahlt werden. Die Stellschrauben stellen die möglichen Kosten nach Abzug der Einsparungspotentiale dar.

Es handelt sich hierbei um einen neuen Ansatz, welcher viele Erläuterungen und Fragen mit sich zieht. Diese können in weiteren wissenschaftlichen Arbeiten untersucht werden. Aktuell laufen erst entsprechende Pilotprojekte dazu an.

---

[121] Die Entscheidung zwischen Cost und Profit Center ist nachzulesen unter Schulte, K.-W.; Schäfers, W., 1998, S. 263-267 oder Hellerforth, 2004, S. 27

Abschließend ist festzuhalten, dass in dieser Untersuchung nur die Projektphase abgebildet werden konnte und es kein Beleg dafür ist, dass die Umsetzung der Handlungspotentiale vollumfänglich in der Praxis funktioniert.

Es handelt sich hierbei um eine sehr große Umstellung der bisherigen Prozesse, sodass ein gewisses Einspielen notwendig sein wird. Außerdem sind für den Erfolg der Systemvergabe auch seitens des Corporates viel mehr Handlungen notwendig. Es wird ein Umdenken bei dem bisherigen CREM Team sowie bei allen Mitarbeitern der Teko vollzogen werden müssen.

Es ist durchaus vorstellbar, die Sicherung eines hohen Qualitätsstandards durch Einbeziehung aller Mitarbeiter des Corporates zu gewährleisten. So ergibt sich in einer Teilleistung eine Einsparung, welche auf anderer Seite wieder investiert werden kann. Zum Beispiel können alle Mitarbeiter die Spülmaschinen der Teeküche selbst einräumen und finden dafür eine hochwertige Kaffeemaschine in ihren Teeküchen vor. Dies spiegelt die Erwartung an den DL wieder. Es wird erwünscht, dass dieser zukünftig zu kreativen Ideen und Innovationen greift, um die Nutzerzufriedenheit zu sichern.

6.5 Weitere Maßnahmen zur Erfolgssicherung

Auch wenn alle operativen Leistungen an einen DL vergeben wurden, bleiben der CREM Abteilung sehr viele Aufgaben. Diese sind strategisch ausgerichtet. In der zeitnahen Zukunft sind daher weitere interne Herausforderungen zu bewältigen, wie unter anderem die folgenden Fragestellungen abbilden.[122]

- Wie kann nach dieser großen Veränderung innerhalb der Implementierungsphase wieder der Regelbetrieb schnellst möglich aufgenommen werden?
- Wie kann eine erfolgreiche Umstellung von der allumfassenden CREM Abteilung hin zu der strategischen vollzogen werden?
- Wie kann CREM weiter die Gesamtstrategie des Unternehmens fördern und unterstützen?
- Wie wird das reguläre Qualitätsmanagement im Detail aussehen?

Sobald diese Fragen geklärt sind, wird es zu weiteren Optimierungen kommen. So kann die europaweite Zentralisierung der Verantwortung im CREM eine mögliche Zukunftsprognose sein. Dies begründet der stellvertretende CREM Leiter mit der Effizienzfrage der Organisation.[123]

---

[122] Vgl. Experteninterview stellvertretender CREM Leiter Teko, am 4.6.13
[123] Vgl. Experteninterview stellvertretender CREM Leiter Teko, am 4.6.13

7 FAZIT UND AUSBLICK

Die Hypothese hat sich bestätigt. Mit einer Auswahl von Handlungsmöglichkeiten innerhalb ausgewählter Entscheidungskategorien im Bereich Flächen- und Servicebereitstellung lassen sich Potentiale für die Schaffung von Flexibilität heben. Dies ist in Harmonisierung mit den generellen Zielen und Anforderungen des Unternehmens möglich.

Mit dem Anwendungsbeispiel der Teko hat sich gezeigt, dass bei der theoretischen Analyse nicht nur Handlungspotentiale in der Wissenschaft eruiert wurden. Es sind bereits Handlungspotentiale in gleicher beziehungsweise erweiterter Form in der *Praxis angewendet und umgesetzt*. Seit April 2013 beschreitet die Teko mit einem System-Dienstleister neue Wege und wird nach und nach das Konzept der der Arbeitsplatzanmietung umsetzen. Es ist somit möglich, mit einer bewussten Entscheidungsfindung mehr Flexibilität in der CREM Abteilung und dementsprechend für den Corporate zu schaffen. Und dies selbst unter der Beachtung des gesamten FEE-Prinzips.[124]

Dabei ist es entscheidend, dass die genauen *Anforderungen und Ziele* an die Bereitstellung der Flächen und Services definiert werden können. Diese nehmen als *Hauptkriterien und Unterkriterien* Einzug in die Analyse und dienen somit der Bewertung möglicher Handlungen auf dem Weg zum Ziel.

Für diese Untersuchung galten die drei Hauptkriterien *Flexibilität, Effizienz und Effektivität* gleichermaßen. Demnach wurden sie innerhalb der Bewertung gleich stark gewichtet. Die Kriterien sowie die Gewichtung kann jedoch variabel pro Corporate festgelegt werden

Weiterhin ist es sehr wichtig, alle *Entscheidungskategorien* bewusst zu durchdenken sowie alle darin enthaltenen *Handlungsmöglichkeiten* durchzuspielen. Die Betonung liegt hierbei auf „alle", denn nur in Kombination aller kann es, durch die aufgedeckten Handlungspotentiale, zu dem gewünschten Gesamtziel führen.

Dabei ist es nicht notwendig, am *Ausgangspunkt Null* zu starten, so wie es bei der Teko der Fall war. Es kann bereits eine DL Bündelung vollzogen worden sein oder Flächen können sich im Eigentum befinden. Dann besteht die Möglichkeit, an einer anderen Stelle der Analyse der Entscheidungskategorien einzusteigen.

---

[124] Die Teko verfolgt auch das FEE- Prinzip, das belegt die Aussage vom derzeitigen CREM Leiter: „Bei ihnen es neben „Attraktiven Arbeitsplätzen" und „wettbewerbsfähigen Kosten" das dritte" Hauptziel von CREM. (Vgl. Experteninterview XY, am 7.6.13)

Das Anwendungsbespiel hat gezeigt, dass selbst die theoretischen Handlungspotentiale in der Praxis noch ausgebaut werden können. Da bei der Bewertung des Anwendungsbeispiels nicht alle Punkte vergeben werden konnten, bleibt die Frage offen, ob sich nicht noch weitere beziehungsweise andere Varianten, für die *Schaffung der höchsten FEE-Zahl*, finden lassen.

Zum Beispiel ließe sich die *Abhängigkeit von nur einem Dienstleister lösen*, indem eventuell zwei oder drei Dienstleister beauftragt werden. Diesen würde jeweils eine regionale Verantwortung übertragen werden. So besteht die Möglichkeit, bei dauerhaften Mangelleistungen in einer Region, dem DL einer anderen Region diese zu übertragen. Die Wahrscheinlichkeit für dieses Szenario ist jedoch sehr gering, da bei dieser Variante ein reger Austausch und Wettbewerb zwischen den DL hergestellt ist und kein DL, durch die direkte Konfrontation mit seinem Konkurrenten, seinen Auftrag aufs Spiel setzen wird.[125]

Wichtig für die erfolgreiche Umsetzung sind gewisse *Rahmenparameter*[126] sowie *Ausgangssituationen*[127] des jeweiligen Corporates und der CREM Abteilung. Dies ist für die optimale Hebelwirkung der Handlungspotentiale von Bedeutung. Es sollte sich in erster Linie um eine deutsche Ländergesellschaft mittlerer Unternehmensgröße handeln, welche einen großen betrieblichen Immobilienbestand an Büroflächen benötigt. Denn nur ab einer gewissen Flächen und Auftragsgröße kann der gewünschte „Economies of scale"- Effekt erreicht werden. Außerdem sollte bereits ein zentrales CREM existieren und sich über mehrere Jahre etabliert haben. Denn nur mit einer Zentralisierung und Minimalisierung der Schnittstellen auf beiden Seiten kann der gewünschte Synergieeffekt erreicht werden.

Die nachfolgende Übersicht (Abbildung 35) soll zusätzlich verdeutlichen, dass bereits die *Rahmenparameter und Ausgangssituationen eines Corporates sehr verschieden* sein können, welches auch für die Aufgaben und Ziele zutrifft. Dazu wurden am Ende der Analyse die Ergebnisse weiterer Corporates vorgestellt und sie im Kontext dazu um Informationen zu Ihrem Betrieblichen Immobilienwesen gebeten. .

---

[125] Vgl. Experteninterview langjährig erfahrener TGM und Standortleiter eines Corporates
[126] Siehe Kapitel 2.4
[127] Siehe Kapitel 3.4

	XY 1	XY 2	XY 3	XY 4
Corporate Strategie	je nach lokalen Anforderungen verschieden	k.A.	einheitlich	sehr unterschiedlich, USA ist sehr modern
Branche (Kerngeschäft)	Sportartikel	Versicherung	Telekommunikation	Versicherung
Eigentum oder Miete	beides	k.A.	k.A.	beides
Flexibilität benötigt?	zum Teil	k.A.	ja	nein
1 DL in Deutschland?	nein	k.A.	ja	nein
Systemvergabe?	nein	geplant	ja	nein
Budget mit Preisobergrenze?	nein	k.A.	ja	nein
Anmietung der Flächen vorstellbar?	nein	k.A.	nein	ja

Abbildung 35: Flächen- und Bereitstellung weiterer vier deutscher Corporates
Quelle: Eigene Darstellung in Anlehnung an Experteninterview mit vier CREM Leitern

Die Aussage wird durch die Meinung des CREM Leiters der XY verstärkt. XY meint, diesbezüglich, dass es, mit Einschränkungen, bei vielen Corporates keine einheitliche Immobilienstrategie gibt, sondern diese jeweils auf das Kerngeschäft zugeschnitten ist.[128]

Damit ist der Beweis eindeutig, dass es keine Pauschallösung gibt. Die Lösung hängt von vielen Faktoren ab und ist jeweils immer individuell zu eruieren. Für den Erfolg sind die einzelnen Möglichkeiten des Corporates sowie die jeweiligen verantwortlichen Personen entscheidend.

Für die Umsetzung der *Integralen Prozessverantwortung* fehlt auf beiden Seiten oft die Basis für eine vertrauensvolle Zusammenarbeit. Dem DL fehlen das Leistungsverzeichnis und die damit verbundenen konkreten Arbeitsanweisungen und dem Auftraggeber fehlt das konkrete Kontrollinstrument (SLA und KPIs). Mit der Vorstellung des Anwendungsbeispiels konnte hingegen die steigende Nachfrage gezeigt werden. Erst kürzlich veröffentlichte Referenzen der ipv® deuten daraufhin, dass auch seitens der DL daran gearbeitet wird, entsprechende Konzepte zu entwickeln.[129] Dementsprechend ist eine kontinuierliche Marktentwicklung wahrzunehmen.

Es wird sich im Laufe der Zeit zeigen, mit welchen detaillierten Ausprägungen dies *seitens der Dienstleister* zu erwarten ist. Diese Seite der Medaille wurde im Rahmen dieser Untersuchung nicht mit abgebildet. Auch bei der Analyse wurden rein die Argumente aus Sicht der Corporates

---

[128] Experteninterview XY, am 11.7.13
[129] Siehe dazu auch ipv®- Vertrauen von Anfang an http://www.cgmunich.de/uploads/media/ IPV_Broschuere_2012.pdf.

formuliert. Hierzu ist eine Betrachtung über die gesamte Zeit des FM- Auftrags hinzuziehen. Offensichtlich besteht während der RFP Phase, durch den Wettbewerblichen Dialog, ein hoher Aufwand für den Dienstleister. Nach erfolgreichem Zuschlag der Ausschreibung werden ihm auch Benefits in Aussicht stehen, da sonst der Aufwand mit dem kosten- und zeitintensiven nicht nachvollziehbar wäre. Dies gilt es separat in weiteren Studien zu prüfen.

Es steht fest, dass bei einer Umsetzung eines solches Ausmaßes ein Umdenken erforderlich ist. Nur durch entsprechend angepasste Organisation, Verantwortung und Prozesse kann das, aus der Analyse, hervorgehende Handlungspotential dauerhaft und nachhaltig umgesetzt werden und zu der gewünschten Effizienz führen.

Die Umsetzung der Handlungspotentiale führt die CREM Abteilung dazu, sich weiter zu entwickeln. Mit der Beauftragung der Integralen Prozessverantwortung kann der Fokus auf neue interne Aufgaben gelegt werden. Dies veranschaulicht die Darstellung nach Michael L. Joroff in 1993.

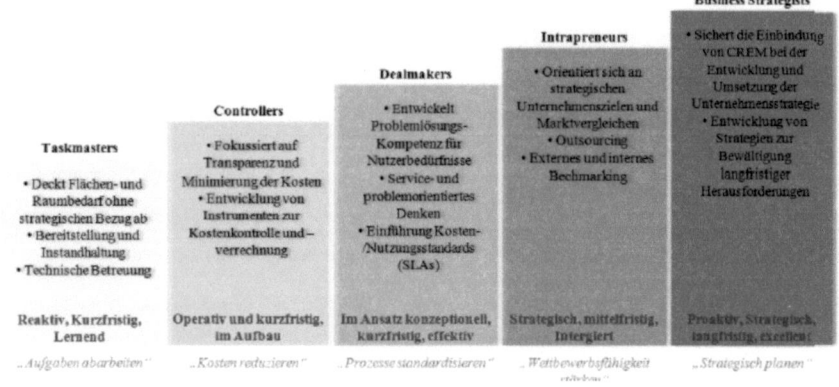

Abbildung 36: Entwicklungsstufen CREM
Quelle: Modifiziert übernommen aus Metis, 2010, Zugriff am 8.4.13

Der Abbildung 36 zu Folge, befindet sich eine CREM Abteilung auf der vorletzten Stufe der möglichen Entwicklung im CREM. Das Ziel des Unterstützungsprozesses *Betriebliches Immobilienwesen* ist die aktive Lenkung aller Unternehmenspotentiale und die Steigerung der Produktivität, welches hierdurch deutlich zum Tragen kommt. Dabei entsteht ein dauerhaft Servicegedanken in der CREM Abteilung.

LITERATURVERZEICHNIS

Bücher

Dürrschmidt, Stephan. 2001. *Planung und Betrieb wandlungsfähiger Logistiksysteme in der variantenreichen Serienproduktion.* München : Herbert Utz Verlag, 2001.

Ferber, Thomas. 2012. *Praxisratgeber Vergaberecht- Fristen im Vergabeverfahren.* Darmstadt : Fachverlag Thomas Ferber, 2012. Bd. 2. Auflage.

Ghahremani, A.; Sommer, D.; Kammerer, S. 1998. *Integrale Infrastrukturplanung.* Berlin/Heidelberg : Springer Verlag, 1998.

Gier, Sonja. 2006. *Bereitstellung und Desinvestition von Unternehmensimmobilien.* Köln : Rudolf Müller GmbH & Co. KG, 2006.

Gondring, H.; Wagner, T. 2012. *Facility Management-Handbuch für Studium und Praxis.* München : Verlag Franz Vahlen, 2012.

Hartmann, Steffen. 2011. *Koordination des Corporate Real Estate Management (Schriften des Forschungscenters betriebliche Immobilienwirtschaft).* Köln : Immobilien Manager Verlag, 2011.

Hellerforth, Michaela. 2004. *Outsorcing in der Immobilienwirtschaft.* Berlin/Heidelberg : Springer Verlag, 2004.

Johannis, Achim Prof. Dr,. 2012. *Strategic Sourcing von Facility Management Leistungen.* Berlin, Offenbach : VDE Verlag, 2012. Bd. Tagungsband facility management Messe und Kongress 2012.

Madritsch, Thomas. 2012. *Optimierung von Facility Management Prozessen über Reifegradprofile.* Berlin, Offenbach : VDE Verlag GmbG, 2012. Bd. Tagungsband facility management Messe und Kongress 2012.

Najork, E.N.; unter Mitarbeit von Gabriel, N.; Goetzmann, M.; Lamm, R.; N.Mrazek. 2009. *Rechtshandbuch Facility Management.* Berlin Heidelberg : Springer Verlag, 2009.

Pfnür, A. 2002. *Modernes Immobilien Management.* Darmstadt : Springer Verlag, 2002.

Pfnür, Andreas. 2011. *Modernes Immobilienmanagement.* Darmstadt : Springer Verlag, 2011.

Pierschke, Barbara. 2001. *Immobilienmanagements, Die organisatorische Gestaltung des betrieblichen.* Köln : Rudolf Müller Verlag, 2001.

Preuß, N.; Schöne, L.B. 200. 2006. *Real Estate und Facility Management- Aus Sicht der Consulting Praxis.* Berlin Heidelberg : Springer Verlag, 2006. Bd. 3. Auflage.

Rüegg-Stürm, Johannis. 2004. *Das neue St. Galler Management-Modell, in: Dubs, Rolf u. a. (Hrsg.), Einführung in die Managementlehre, Bern 2004.* Bern : Haupt Verlag, 2004.

Roulac, Stephen E. 1999. *Real estate value chain connections: tangible and transparent.* Clemson, Amerika : Journal of Real Estate Research, 17(3), 1999.

Schäfers, W. , Schulte K.W. (Hrsg.). 1997. *Strategisches Management von Unternehmensimmobilien.* Köln : ebs-Schriften zur Immobilienökonomie, 1997.

Schneider, H. 2004. *Facility Management- planen, einführen, nutzen.* Stuttgart : Schäffer-Poeschel Verlag, 2004. Bde. 2., überarbeitete und erw. Aufl.

Schäfers, W.; Gier, S. 2005. *Corporate Real Estate Management,* in Schulte, K.W. (Hrsg.): Immobilienökonomie, Band 1: Betriebswirtschaftliche Grundlagen, 3., vollst. überarb. und erw. Aufl., München/Wien 2005.

Schulte, K.-W.; Schäfers, W. 2004, 2. Auflage. *Handbuch Corporate Real Estate Management.* Köln : Immobilien Informationsverlag Rudolf Müller, 2004, 2. Auflage.

Schulte, K.-W.; Schäfers, W. 1998, 1.Auflage. *Handbuch Corporate Real Estate Management.* Köln : Rüdolf Müller, 1998, 1.Auflage.

Weatherhead, Marion. 1997. *Real estate in corporate strategy.* London : Macmillan Press Ltd., 1997.

Zinser, Stephan (Hrsg). 2004. *Flexible Arbeitswelten.* Zürich : vdf Hochschulverlag, 2004.

Magazine

Berater der FM Branche: Makon, RESO, Result, m+p, AIS, cg munich, moocon, reality consult, u.a. 2011 Mai. Sowohl als auch- Vergabe Strategien der Zukunft. *Facility Manager.* 2011 Mai, Mai.

Ernst & Young; TU Darmstadt. 2008. *Betriebliches Immobilienmanagement.* s.l. : Ernst & Young Real Estate GmbH, 2008.

Nourse, H.O. & Roulac, S.E. 1993. Linking real estate decisions to corporate strategy. *Journal of Real Estate Research (4).* 08 1993, S. 475-494.

Varcoe, Barry. 2002. The performance measurement of corporate real estate portfolio management. *Journal of Facilities Management VOL. 1 NO.2.* 2002, S. 117–130.

Vorträge auf einer Messe (Präsentation)

Poglitsch, Reinhard. 2013. Megatrends & Zukunftsszenarien in der globalen Facility Management Branche. FM Messe Kufstein : s.n., 07. 02 2013.

Prischl, Peter. 2013. *Die Grundlage: Die Europäische Norm EN 15221-2- FM Vereinbarungen.* FM Messe Frankfurt : s.n., 2013. FM Supply Chain Management. 26.02.2013

Richtlinien

bmvbs. 2007. PPP im Hochbau Vergaberechtsleitfaden. *bmvbs- Bundesministerium für Verkehr, Bau und Stadtentwicklung.* [Online] 08 2007. [Zitat vom: 13. 06 2013.] http://www.bmvbs.de/cae/servlet/contentblob/32254/publicationFile/10419/ppp-im-hochbau-vergaberechts-leitfaden.pdf.

cen Europäisches Komitee für Normung. 2006. *EN 15221-1, Facility Management - Teil 1: Begriffe.* s.l. : cen Europäisches Komitee für Normung, 2006.

cen Europäisches Komitee für Normung. 2006. *EN 15221-2, Leitfaden zur Ausarbeitung von Facility Management- Vereinbarungen.* s.l. : cen Europäisches Komitee für Normung, 2006.

GEFMA. 1996. *GEFAM 500- Outsourcing im Facility Management, Hinweise für Ausschreibung und Vertragsgestaltung.* s.l. : GEFMA e.V., 1996.

GEFMA. 2005-04. *GEFMA 700- Qualitätsorientierung im Facility Management.* s.l. : GEFMA e.V., 2005-04.

GEFMA. 2005-04. *GEFMA 731- System-Dienstleistungen im FM.* s.l. : GEFMA e.V., 2005-04.

GEFMA. 2005-04, 3. Auflage. *GEFMA 960- Leitfaden für die Ausschreibung komplexer Facility Management Dienstleistungen als Integrale Prozessverantwortung .* s.l. : GEFMA e.V., 2005-04, 3. Auflage.

Internetquellen

Deloitte. 2009. Outsourcing Trends. *CRET Newsletter 2Q 2009.* [Online] 2009. [Zitat vom: 10. 06 2013.] http://www.deloitte.com/assets/Dcom-UnitedStates/Local%20Assets/Documents/us_consulting_CRETQuarterlySpring2009_051409.pdf.

dpa - AFX. 2001. Bayer erweitert Kostensenkungsprogramm - Kürzung von weltweit 1.800 Stellen. *wallstreet-online.de.* [Online] 09. 08 2001. [Zitat vom: 27. 06 2013.] http://www.wallstreet-online.de/diskussion/453005-1-10/bayer-erweitert-kostensenkungsprogramm-kuerzung-von-weltweit-1-800-stellen.

Euroforum. 2013. Future Workplace & Office. *Euroforum.* [Online] 2013. [Zitat vom: 16. 05 2013.] http://www.euroforum.de/veranstaltung/pdf/p1105935.pdf.

Europäische Kommission. 2005. Die neue KMU-Definition- Benutzerhandbuch und Mustererklärung. [Online] 2005. [Zitat vom: 13. 05 2013.] http://ec.europa.eu/enterprise/policies/sme/files/sme_definition/sme_user_guide_de.pdf.

Glatte, Dr. Thomas. 2012. CREM kommt: Immo-Spezialisten gesucht. *iz-jobs.de.* [Online] Immobilienzeitung, 08. 11 2012. [Zitat vom: 26. 03 2013.] http://www.iz-jobs.de/karriere/themen/crem-kommt--immo-spezialisten-gesucht,118423.html.

Glatte, Dr. Thomas. 2011. CREM- damals in der Krise gut für die Unternehmensfinanzierung und jetzt? *FM Kongresse Asset 2011- Im Gespräch- Artikel: .* [Online] Internationales Institut für Facility Management (i²fm), 2011. [Zitat vom: 27. 02 2013.] http://www.i2fm.de/web/index.php/facility-management-kongresse-messe/real-estate-asset-11/-im-gespraech/734-fm-kongresse-asset-2011-im-gespraech-interview-crem-damals-in-der-krise-gut-fuer-die-unternehmensfinanzierung-und-jetzt.html.

i²fm. 2011. Babylonische Sprachverwirrung im FM. *Internationales Institut für Facility Management (i²fm).* [Online] 2011. [Zitat vom: 27. 02 2013.] http://www.i2fm.de/web/index.php/aktuelles/presse/522-i2fm-presse-babylonische-sprachverwirrung-100318-artikel.html.

Karg, Florian- Consultant bei Intep. 2013. Qualitätssicherung durch ergebnisorientierte Ausschreibung. *Facility Management- das Magazin.* [Online] 02 2013. [Zitat vom: 29. 05 2013.] http://www.facility-management.de/artikel/fm_Sauber_ist_nicht_gleich_sauber__1709780.html.

Knuf, Holger Artikel im Facility Manager. 2007. Alles wir gut! Die aktuellen Entwicklungen im Facility Management. *i²fm .* [Online] 03 2007. [Zitat vom: 08. 03 2013.] http://www.i2fm.de/web/images/stories/i2fm/informationen/fm0707_alles_wird_gut.pdf.

Lünendonk GmbH, Antonia Thieg. 2011. *FM-Guide 2011, Integrierte Services.* [Online], 2011. http://luenendonk-shop.de/out/pictures/0/lue_fm_guide_2012_f280812_fl.pdf

Metis. 2010. Organisationsmodelle für den Aufbau eines internationalen Immobilienmanagements, Vortrag im Rahmen der METIS-Fachtagung. *CREM Performance.* [Online] 21. 10 2010. [Zitat vom: 08. 04 2013.] http://www.crem-performance.com/de/3_101021_METIS_Organisationsmodelle%20im%20internationalen%20Immobilienmanagement_A.%20Elsner.pdf.

Odin, Dr.-Ing. Sigrid. 2010. ipv® – System-Dienstleistungen im FM – Potenziale durch systematische Ausschreibungsvorbereitung in der öffentlichen Hand. *ipv®.* [Online] 30. 09 2010. [Zitat vom: 06. 28 2013.] http://www.dr-odin.de/fileadmin/odin/Publikationen/2010/10_Beschaffgskong_ipv.pdf.

Pfnür; Hartmann, Steffen; Lohse. 2007. 15 Jahre CREM in D- Entwicklungsstand und Perspektiven. [Online] 2007. [Zitat vom: 20. 02 2013.] http://www.immobilien-forschung.de/uploads/media/Arbeitspapier_10_15_Jahre_CREM.pdf.

Regus. Corporate Workspace Solutions. *Regus.* [Online] [Zitat vom: 16. 04 2013.] http://www.regus.de/corporate-workspace-solutions/index.aspx.

Regus.. 2013. Regus hat an über 1.500 Standorten 3,25 Millionen Quadratmeter. *Regus.* [Online] Regus, 2013. [Zitat vom: 16. 04 2013.] http://www.regus.de/agents-and-brokers/index.aspx,.

Wirtschaftslexikon. 2012. Flexibilität. *Wirtschaftslexikon.* [Online] 2012. [Zitat vom: 21. 05 2013.] http://www.daswirtschaftslexikon.com/d/flexibilit%C3%A4t/flexibilit%C3%A4t.htm.

Wirtschaftslexikon24. 2013. Effizienz, Effektivität. *Wirtschaftslexikon24.com.* [Online] 2013. [Zitat vom: 06. 07 2013.] http://www.wirtschaftslexikon24.com/d/effizienz-effektivitaet/effizienz-effektivitaet.htm.

ANHANG

EU Unterscheidung Unternehmensgröße KMU & Co. (Verweis von S. 17)

DIE NEUEN SCHWELLENWERTE *(Artikel 2)*

Größenklasse	Mitarbeiterzahl: Jahresarbeitseinheit (JAE)	Jahresumsatz	oder	Jahresbilanzsumme
Mittleres Unternehmen	< 250	≤ 50 Mio. EUR (1996: 40 Mio. EUR)	oder	≤ 43 Mio. EUR (1996: 27 Mio. EUR)
Kleines Unternehmen	< 50	≤ 10 Mio. EUR (1996: 7 Mio. EUR)	oder	≤ 10 Mio. EUR (1996: 5 Mio. EUR)
Kleinstunternehmen	< 10	≤ 2 Mio. EUR (bisher nicht definiert)	oder	≤ 2 Mio. EUR (bisher nicht definiert)

Quelle: Europäische Kommission, 2005, S.4, Zugriff am 13.5.13

Überblick über aktuelle und frühere Forschungsfelder sowie bereits analysierte Handlungspotentiale/Koordinationsinstrumente (Verweis von S. 9)

Eine vollständige Übersicht über alle herausgearbeiteten und veröffentlichten Teilstücke der CREM Koordinationsinstrumente der vergangenen 20 Jahre liefert Hartmann in seiner Veröffentlichung in 2011:

Verfasser	Betrachtete Koordinationsinstrumente
Veale, P.R. (1989)	- Separate Immobilieneinheit - Aufgabenverantwortung - Interne Verrechnungspreissysteme - Immobilieninformationssystem - Erfolgsverantwortung - Berichtswesen
Avis, M./ Gibson, V. Watts, J. (1989)	- Separate Immobilieneinheit - Zentralisation vs. Dezentralisation - Immobilieninformationssysteme - Interne Verrechnungspreise - Strategische Planung
Rutherford, R.C./ Stone, R.W. (1989)	Zentralisierung vs. Dezentralisierung
Pittmann, R.H./ Parker, J.R. (1989)	- Hierarchieebene - Zentralisierung vs. Dezentralisierung - Berichtswesen - Strategische Planung - Abstimmungsintensität mit Topmanagement - Intensität der Zusammenarbeit mit Nutzern - Immobilieninformationssystem
Gale, J./ Case, F. (1989)	- Separate Immobilieneinheit - Strategische Planung - Hierarchieebene und verantwortlicher Ressortvorstand - Immobilieninformationssystem - Aufgabenkonzentration - Interne Verrechnungspreissysteme
Teoh, W.K. (1993)	- Separate Immobilieneinheit - Immobilieninformationssystem
Schäfers, W. (1997)	- Immobilieninformationssysteme - Immobilienbezogenes Planungssystem - Integration von Unternehmens- und Immobilienplanung - Innen- und Außenstrukturierung des Immobilienmanagement - Interne Verrechnungspreissysteme - Zentralisierung vs. Dezentralisierung - Erfolgsverantwortung - Kontrollsysteme - Hierarchieebene
Pfnür, A. (1998a)	- Interne Verrechnungspreissysteme - Erfolgsverantwortung - Hierarchieebene und verantwortlicher Ressortvorstand - Zentralisierung vs. Dezentralisierung - Verantwortung und Zuständigkeiten - Outsourcing von Immobilienaufgaben - Intensität der Zusammenarbeit mit anderen Abteilungen
Pfnür, A. (2000)	- Outsourcing von Immobilienaufgaben - Hierarchieebene und verantwortlicher Ressortvorstand - Zentralisierung vs. Dezentralisierung - Interne Verrechnungspreissysteme - Erfolgsverantwortung

Pfnür, A./ Hedden, N. (2002)	- Immobilienstrategie - Interne Verrechnungspreissysteme - Ergebnisverantwortung - Hierarchieebene und verantwortlicher Ressortvorstand - Zentralisierung vs. Dezentralisierung - Outsourcing von Immobilienaufgaben
O'Mara, M.A./ Page III. E.F./ Valenziano, S.F. (2002)	- Hierarchieebene - Abstimmungsintensität mit dem Topmanagement - Bündelung von Verantwortung und Zuständigkeiten - Einbindung in die strategische Unternehmensplanung - Zentralisierung vs. Dezentralisierung
Gibler, K.M. *et al.* (2002)	- Strategische Planung - Separate Immobilieneinheit - Ergebnisverantwortung
Roulac, S.E. *et al.* (2002)	- Separate Immobilieneinheit - Immobilienstrategie - Immobilieninformationssysteme - Interne Verrechnungspreissysteme
Roulac, S. et al. (2003)	- Separate Immobilieneinheit - Immobilienstrategie - Immobilieninformationssysteme - Interne Verrechnungspreissysteme - Berichtshäufigkeit - Zentralisierung vs. Dezentralisierung
Pierschke, Barbara (2003)	- Organisatorische Gestaltung
Roulac, S. et al. (2005)	- Separate Immobilieneinheit - Immobilienstrategie - Immobilieninformationssysteme - Interne Verrechnungspreissysteme - Berichtshäufigkeit
Hartmann, S./ Lohse, M./ Pfnür, A. (2007)	- Bündelung immobilienwirtschaftlicher Aufgaben - Outsourcing von Immobilienaufgaben - Immobilienstrategie - Hierarchieebene und verantwortlicher Ressortvorstand - Interne Verrechnungspreissysteme - Erfolgsverantwortung
Nsjan, V. (2007)	- Strategische Planung - Immobilienstrategie - Zentralisierung vs. Dezentralisierung - Outsourcing von Immobilienaufgaben - Interne Verrechnungspreissysteme - Immobilieninformationssysteme
Pfnür, E./ Hartmann, S. Pärssinen, M. (2008)	- Outsourcing von Immobilienaufgaben - Erfolgsverantwortung - Abstimmungsintensität mit dem Topmanagement - Hierarchieebene und verantwortlicher Ressortvorstand - Immobilienstrategie und Planung - Interne Verrechnungspreissysteme
McDonagh, J./ Nichols, G. (2009)	- Separate Immobilieneinheit - Hierarchieebene - Entscheidungszentralisation - Interne Verrechnungspreise - Immobilienstrategie (strategische Planung)
Hartmann, S. *et al.* (2009)	- Ergebnisverantwortung - Immobilieninformationssysteme
Hartmann, S. *et al.* (2010)	- Aufgabenkonzentration - Outsourcing von Immobilienaufgaben

Quelle: Eigene Darstellung in Anlehnung an Hartmann, Steffen, 2011, S. 113f.

Eine der letzten wissenschaftlichen Arbeiten wurde von **Steffen Hartmann** verfasst (Koordination des Corporate Real Estate Management, 2011). Hierbei untersucht er vorab den gesamten Literaturhorizont Deutschlands und erarbeitet dann ganzheitlich die aktuellen Koordinationsinstrumente und baut diese auf einer umfangreichen Empirie auf. Es ergeben sich eine Reihe von Koordinationsmuster, von denen Hartmann ebenfalls noch konkrete Handlungsempfehlungen ableitet.

Ein weiterer ganzheitlicher Ansatz wird in einer sehr aktuellen Studie erarbeitet und erstmalig im Dezember 2012 veröffentlicht. Hierbei haben die drei Beratungsgesellschaften **cgmunich, M.O.C.O.O.N. und m+p** die NCX Studie aufgestellt. Diese stellt einen Index auf, anhand dessen sehr praxisbezogen die Performance einzelner Corporates in einem Reifegradmodell eingeordnet wird und daher Aussagen darüber trifft, wo das CREM steht. Darüber wurde auch ein Artikel im Facility Manager veröffentlicht.

Outsourcing (Verweis von S. 32)

Ist die Auslagerung von betriebsbezogenen Leistungen. Auch wenn Hellforth von verschiedenen Formen des Outsourcings spricht gehen wir von der generellen

von dem echten Outsourcing, aus.[130] Das heißt, die Übertragung erfolgt an nicht, mit dem Unternehmen gesellschaftsrechtlich verbundene, Dienstleister[131]

Trends beziehungsweise Absichten des Outsourcings von immobilienwirtschaftlichen Leistungen sind in der Studie von Ernst&Young, 2008, S. 33 abgebildet.

Eigenerledigung vs. Fremdfertigung auch in Hartmann, 2011, S. 130 nachzulesen.

Nach GEFMA 500 Outsourcing im Facility Management:

		Vorteile/Chancen		Nachteile/Risiken
	+	Konzentration auf Steuerung & Controlling sowie Qualitätsverbesserg. der Dienstleistungen	-	Betriebliche Prozesse & Unternehmenskultur werden vom DL nicht komplett verstanden
	+	Kann mehr Know-How von dem Dienstleistungsspezialisten abgreifen	-	Hohes Sicherheitsrisiko, weil dem DL tiefe Einblicke in das Unternehmen gewährt werden
	+	Einsparungen bei den Dienstleistungskosten, da externe DL immer mit dem Markt konfrontiert ist	-	Know-How für Dienstleistungen liegt nicht mehr im Unternehmen
	+	Lösung des internen Ressourcen Problems	-	Hohes Abhängigkeitsverhältnis zum DL entsteht
	+	Bessere Möglichkeit der Qualitätssicherung, da Leistung vertraglich zugesichert (=Compliance)		
	+	Mehr Transparenz durch vereinbartes Ticketsystem, Controlling und Reporting		

---

[130] Siehe auch „Formen des Outsourcings" in Hellerforth, 2004, S. 21ff.
[131] Vgl. Schulte, K.-W.; Schäfers, W., 2004, 2. Auflage, S. 356; mehr über den Dienstvertrag nachzulesen ab S. 357-371

GEFMA 700 Übersicht Einzel, Paket- und Systemvergabe: (Verweis von S. 53)

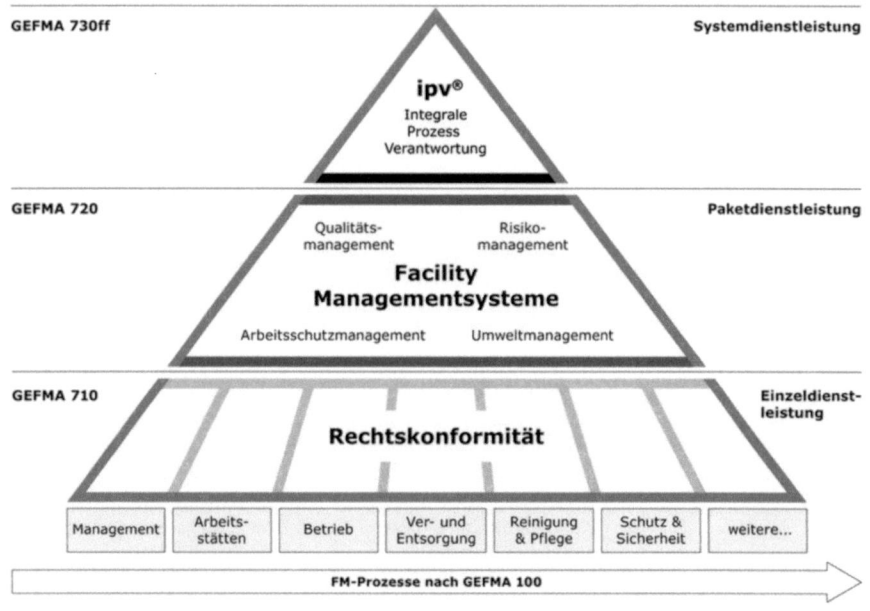

GEFMA 730- Vergleich zwischen Einzel, Paket- und Systemvergabe:

Nutzen für den Kunden	GEFMA 710	DIN EN ISO 9001	GEFMA 720	GEFMA 730
Vereinfachung (LV, Vertragsgestaltung)	•	•	•	•
Vergleichbarkeit der Anbieter	•	•	•	•
Selektierbarkeit der Anbieter (Präqualifikation)	•	•	•	•
Rechtssicherheit	•	(•)	•	•
Wtg. Übertragung der Betreiberverantwortung für einzelne Gewerke	•	(•)	•	•
Minderung des Haftungsrisikos nach §§ 278, 831 BGB (Selektion)	•	(•)	•	•
Ständige Verbesserung der Dienstleistungserbringung		•	•	•
Entlastung von Managementaufgaben			•	•
Wtg. Übertragung der Betreiberverantwortung für komplette Objekte			•	•
Turnusmäßige, aussagekräftige Berichte			•	•
Minderung des Haftungsrisikos nach § 130 OWiG (Aufsicht)			•	•
Optimierung der Schnittstellen Kernprozesse ↔ Supportprozesse				•
Mittel- und langfristige Aufwandssicherheit und Planbarkeit				•
Risikominimierung für Verfügbarkeit und Ausfallsicherheit				•
Verlagerung der Definitionsverantwortung zur Übertragung der Betreiberverantwortung				•
Benchmark- und Branchenerfahrung in den Nutzerprozessen				•

Das ipv®-Zertifikat umfasst das komplette FM-Excellence-Programm.